Renée Holler · Im Schatten der Akropolis

TATORT GESCHICHTE

Renée Holler

Im Schatten der Akropolis

Illustrationen von Anne Wöstheinrich

Bibliografische Information Der Deutschen Bibliothek
Die Deutsche Bibliothek verzeichnet diese Publikation in der
Deutschen Nationalbibliografie; detaillierte bibliografische Daten
sind im Internet über *http://dnb.ddb.de* abrufbar.

Der Umwelt zuliebe ist dieses Buch auf chlorfrei gebleichtem Papier gedruckt.

ISBN 3-7855-4854-0 – 1. Auflage 2003
© 2003 Loewe Verlag GmbH, Bindlach
Umschlagillustration: Anne Wöstheinrich
Umschlagfoto: The Art Archive/Archäologisches Museum
Spina Ferrara/Dagli Orti
Redaktion: Linda Sturm
Herstellung: Heike Piotrowsky
Gesamtherstellung: GGP Media, Pößneck
Printed in Germany

www.loewe-verlag.de

Inhalt

Ein nächtlicher Besuch 11
Spurlos verschwunden 20
Widersprüchliche Aussagen 30
Im Haus der Hexe 40
Bescheidene Einbrecher? 50
Der Bettler am Brunnen 60
Die Herberge zum blauen Delfin 70
Piräus bei Nacht 80
Zerberos, der Höllenhund 90
Rettung im letzten Augenblick 99

Lösungen 109
Glossar 111
Zeittafel 116
Der Peloponnesische Krieg 117
Athen zur Zeit des Perikles 119

Ein nächtlicher Besuch

Kephalos fuhr aus dem Schlaf hoch. Was war das? Griffen die Spartaner das Landgut seines Vaters an? Verwirrt sah er sich um. Wo bei Zeus war er? Das war nicht seine Kammer in Acharnä!

Nur langsam fielen ihm die Ereignisse der vergangenen Tage wieder ein. Natürlich! Er war bei Onkel Aristides in Athen. Jetzt konnte er auch die Umrisse seines Vetters Philon erkennen, der im Bett auf der anderen Seite des Raumes schlief. Erst vorgestern war Kephalos zu seinen Verwandten in die Stadt gezogen. Die Spartaner hatten Attika den Krieg erklärt und drohten, die Gegend um Athen anzugreifen. Perikles, der das Amt des Strategen ausübte, hatte daraufhin allen Bürgern befohlen, ihre Landgüter im Stich zu lassen und sich hinter den Mauern der Hauptstadt in Sicherheit zu begeben.

Da war es wieder. Das Geräusch, das Kephalos geweckt hatte. Diesmal hörte er es klar und deutlich: ein energisches Klopfen, das im ganzen Haus widerhallte. Kurz darauf ertönten unten im Hof gedämpfte Stimmen.

Nun war auch Philon wach geworden. „Was ist los?", fragte er schläfrig.

„Keine Ahnung", flüsterte Kephalos zurück. „Jemand hat an die Haustür geklopft. Irgendetwas muss passiert sein. Oder ist es in Athen Sitte, sich mitten in der Nacht zu besuchen?"

Philon war augenblicklich hellwach. „Komm", sagte er. „Von der Galerie aus hat man einen guten Blick in den Hof. Da können wir unbemerkt lauschen." Er schlüpfte aus dem Bett und zog seinen Chiton über. Gleich darauf kauerten die beiden Jungen hinter dem Geländer der Galerie und spähten zwischen den Stäben auf das Geschehen im Hof hinab.

Im flackernden Licht der Fackeln erkannten sie Aristides, der sich, umringt von einigen seiner Sklaven, mit zwei Männern unterhielt. Der ältere der beiden nächtlichen Besucher schien Kephalos' Onkel gerade etwas zu erklären, während der jüngere Mann, ein Sklave, nervös von einem Fuß auf den anderen trat.

„Hast du eine Ahnung, wer die Männer sind?", wollte Kephalos wissen.

„Klar", flüsterte Philon zurück. „Das sind Nikias, Jasons Vater, und Eukles, sein Paidagogos."

„Meinst du deinen Freund Jason, der auch zu Nikomedes in die Schule geht?"

Philon nickte. „Ja. Den Paidagogos hast du doch gestern selbst kennen gelernt. Erinnerst du dich nicht mehr?"

„Stimmt, jetzt erkenne ich ihn wieder", murmelte Kephalos. Während seines Aufenthaltes in Athen besuchte er die gleiche Schule wie sein Vetter. „Aber was wollen die beiden um diese Tageszeit von deinem Vater?"

„Psst!" Philon legte seinen Zeigefinger auf die Lippen. „Sei still, dann können wir vielleicht herausfinden, was geschehen ist."

Beide Jungen lauschten angestrengt.

„... auf der Agora?", fragte Aristides gerade.

„Ja", nickte Jasons Vater. „Eukles", wandte er sich an den Paidagogos, „berichte Aristides genau, was vorgefallen ist."

Eukles biss sich auf die Lippen und zupfte verlegen an seinem Ohrläppchen.

„Also", begann er zögernd, „Jason ist nach Schulschluss immer sehr hungrig. Und als uns auf dem Heimweg über die Agora der leckere Duft von gebratenen Würstchen in die Nase stieg, konnten wir einfach nicht widerstehen. Bei dem Mann, der seinen

Stand immer neben dem Blumenmädchen aufschlägt, in der Nähe des Geldwechslers, gibt es die besten Würstchen in ganz Athen. Und da der Stand im Schatten einer Platane steht, ist es zudem angenehm kühl."

„Eukles", wies Jasons Vater den Paidagogos ungeduldig zurecht. „Fasse dich kurz. Das ist doch jetzt nicht wichtig."

Der junge Mann blickte blinzelnd auf, nickte dann demütig und setzte seinen Bericht fort. „Nun, ich stellte mich an dem Stand an, um die Würstchen zu besorgen. Als ich mich wieder umdrehte, war Jason spurlos verschwunden, nur ..."

„Das ist alles", unterbrach ihn Nikias und wandte sich wieder an Aristides. „Wir haben den Jungen seitdem überall gesucht – aber er ist wie vom Erdboden verschluckt."

Eukles räusperte sich. „Die Tafel, Herr", sagte er leise.

„Ach ja", fügte Nikias hinzu. „Eukles hat Jasons Wachstafel neben dem Würstchenstand gefunden. Ein N war eingeritzt. Aber ich glaube nicht, dass das etwas zu bedeuten hat."

Aristides kratzte sich nachdenklich die Schläfe. „Meinen Sie, man hat den Jungen entführt?"

„Entführt?" Jasons Vater lachte laut auf. „Unsinn! Nein, ich denke eher, dass Jason etwas angestellt hat und sich aus Angst vor Strafe aus dem Staub gemacht hat. Eins ist sicher, wenn ich den Jungen in die Finger kriege, dann werde ich ihn ..."

„Wir könnten einen Suchtrupp zusammenstellen", schlug Aristides vor. „Ich stelle Ihnen meine Sklaven gerne zur Verfügung."

„Danke, das ist nett von Ihnen, doch wir haben schon die ganze Nachbarschaft durchkämmt. Keine Spur von dem Lausejungen." Nikias hielt einen

Augenblick inne. „Der Grund für meinen nächtlichen Besuch war eigentlich nicht, Sie mit all dem zu belasten. Ich würde nur gerne kurz Ihren Sohn fragen, ob er vielleicht weiß, wo sich Jason verborgen hält. Die beiden stecken doch ständig zusammen."

„Selbstverständlich, ich lasse Philon sofort wecken." Aristides nickte einem der Sklaven auffordernd zu.

Philon zog Kephalos gerade noch rechtzeitig vom Geländer weg und zurück in die Kammer, wo sich beide schlafend stellten, als der Sklave kam, um sie zu holen. Kurz darauf standen sie unten im Hof, wo Jasons Vater sie mit Fragen löcherte. Doch weder Philon noch Kephalos wussten, was Jason angestellt hatte und wo er sich vor der Strafe seines Vaters verborgen hielt.

„Was Jason wohl ausgefressen hat?", überlegte Kephalos laut, als sie am Nachmittag des folgenden Tages aus der Schule auf die sonnige Straße hinaustraten. „Muss ja ganz schön schlimm sein, wenn er gleich von zu Hause fortläuft."

„Ich bin mir da nicht so sicher", entgegnete Philon nachdenklich. „Ich kenne Jason ziemlich gut. Er würde nicht einfach aus Furcht vor Strafe davonlaufen. Ich habe das dumpfe Gefühl, dass hier etwas nicht mit rechten Dingen vor sich geht."

„Und was, glaubst du, ist passiert? Kinder verschwinden doch nicht einfach spurlos am helllichten Tag."

Philon runzelte die Stirn. „Eben. Und genau deswegen würde ich vorschlagen, dass wir der Sache nachgehen. Irgendjemand muss doch gesehen haben, wohin Jason gelaufen ist. Komm, wir gehen zu dem Wurstverkäufer und fragen ihn, ob ihm gestern etwas aufgefallen ist."

„Hervorragende Idee!" Kepahlos war begeistert von dem Vorschlag, selbst Nachforschungen anzustellen. Und statt den Heimweg einzuschlagen, bogen die beiden Freunde zur Agora ab.

Der lang gestreckte Marktplatz der Stadt war von Säulenhallen, Verwaltungsgebäuden und Tempeln gesäumt. Wohin man auch blickte, hatten Kaufleute und Handwerker ihre Stände und Buden aufgestellt. Von Obst, Fisch und Gemüse bis zu feinen Stoffen, Töpferwaren und Schmuck konnte man hier alles erstehen, was das Herz begehrte. Überall herrschte reges Treiben. Sklaven machten letzte Besorgungen fürs Abendessen, Händler priesen lautstark ihre Waren an, Bürger diskutierten wild gestikulierend die politischen Ereignisse der vergangenen Tage, und Kunden beschwerten sich lautstark, dass die Preise durch den Krieg schon wieder angestiegen seien.

„Bei Zeus", staunte Kephalos, „hier ist aber viel los. Eure Agora ist echt riesig im Vergleich zu der in Acharnä." Er ließ seinen Blick über die Marktstände schweifen. „Kannst du den Wurstverkäufer irgendwo sehen?"

„Den Wurstverkäufer?", grinste Philon. „Ich kann nicht nur einen, sondern leider gleich mehrere sehen."

„Oh je, du hast Recht. Wie sollen wir da bloß den richtigen Stand finden?" Kephalos kratzte sich an der Schläfe. „Moment mal. Eukles hat doch genau beschrieben, welcher Wurstverkäufer es war."

„Schon. Aber kannst du dich noch an die Einzelheiten erinnern?"

„Hmm ...", Kephalos überlegte. „Hat er nicht gesagt, dass – genau, das war es! Komm schon!" Er packte seinen Vetter am Arm und zog ihn zielstrebig durch die Menge.

Welchen Wurstverkäufer müssen die Jungen befragen?

Spurlos verschwunden

"Ein Junge mit dunklen Locken?", wiederholte der Wurstverkäufer Philons Frage, während er mit einem Schürhaken in der Holzkohle herumstocherte, die rot aufglühte. "Ja, er kam gestern Nachmittag mit seinem Paidagogos bei mir vorbei."

"Haben Sie zufällig gesehen, wohin er anschließend ging?"

Vorsichtig begann der Mann, die Würstchen auf dem Rost der Reihe nach umzudrehen, damit sie rundum gleichmäßig bräunten. "Wahrscheinlich in Simons Laden. Den besuchen die beiden regelmäßig."

"Simons Laden!" Philon bedankte sich hastig und eilte los.

"So warte doch", keuchte Kephalos hinter ihm her. "Wer ist Simon?"

"Simon ist ein Schuster, der seinen Laden hier an der Agora hat."

"Ein Schuster?" Kephalos blickte ihn ungläubig an. "Was will Jason bei einem Schuster? Meinst du, er hat sich neue Sandalen machen lassen?"

Philon blieb stehen und grinste. „Sandalen? Nein. Simon ist zwar ein Schuster, doch in erster Linie geht man in seinen Laden, um zu diskutieren."

„Diskutieren?" Kephalos verstand überhaupt nichts mehr.

„Hast du schon mal von Sokrates gehört?"

„Der Philosoph? Natürlich. Sogar in Acharnä erzählen die Leute von ihm."

„Simons Laden ist einer von Sokrates' Lieblingsplätzen", erklärte Philon. „Da hält er sich ständig auf."

Die beiden Jungen traten über die Schwelle des Schusterladens. Mehrere Männer hatten sich um einen dicken, bärtigen Mann gruppiert, der auf einem Hocker saß, und diskutierten erregt.

„Siehst du den Dicken?", flüsterte Philon. „Das ist Sokrates."

„Was wünscht ihr?", fragte der Schuster, der an seiner Werkbank saß und gerade ein Stück Leder zuschnitt.

„Kam hier gestern Nachmittag ein Junge mit seinem Paidagogos vorbei?", fragte Philon erwartungsvoll.

„Ihr meint wohl Jason?"

Philon und Kephalos nickten gespannt.

„Da muss ich euch enttäuschen", schüttelte der Schuster den Kopf. „Jason und sein Paidagogos sind zwar oft hier, doch gestern schaute nur Eukles kurz herein. Er war auf der Suche nach Jason."

„So ein Mist!", entfuhr es Kephalos. „Der Wurstverkäufer muss sich geirrt haben. Was machen wir denn jetzt?"

„Versucht ihr, etwas herauszufinden?", mischte sich eine ruhige Stimme ein. Die Jungen drehten sich um. Hinter ihnen stand Sokrates.

„Äh – ja", stotterte Philon.

„Und wie findet man etwas heraus?"

Philon zuckte mit den Achseln. „Indem man Fragen stellt?", schlug er zögernd vor.

„Richtig." Der Philosoph rieb sich zufrieden seinen Bauch. „Und wenn jemand nicht das Wissen besitzt, das man sucht? Was macht man dann?"

„Keine Ahnung", murmelte Philon ratlos.

„Wisst ihr das nicht, obwohl es so einfach ist?" Sokrates' Blick schweifte von Philon zu Kephalos, doch auch der wusste keine Antwort.

„Man sucht weiter, bis man jemanden findet, der die Frage beantworten kann." Sokrates lächelte. „Den gleichen Ratschlag habe ich erst vor wenigen Tagen meinem Freund Perikles gegeben." Er räusperte sich. „Etwas darf man dabei allerdings nie vergessen: Die Erinnerung trügt die Menschen häufig. Nicht jeder behält von einem Ereignis das gleiche Bild im Gedächtnis. Aber solange man nicht aufgibt und immer weiter nach einer Antwort sucht, wird man am Ende sein Ziel erreichen." Damit wandte sich der Philosoph wieder der Diskussionsgruppe zu.

„Man sucht weiter? Das ist der Ratschlag des berühmtesten Philosophen Athens?", spottete Philon, als sie kurz darauf wieder im grellen Sonnenschein auf der Agora standen.

Kephalos hielt sich die Hand schützend über die Augen, während er nachdenklich das geschäftige Treiben vor sich betrachtete. „Aber er hat Recht. Ich finde auch, dass wir weiter Leute befragen sollten, bis wir jemanden finden, der weiß, wohin Jason ging."

„Na gut. Wer steht als Nächstes auf unserer Liste?"

„Das Blumenmädchen", schlug Kephalos vor. „Eukles hat doch erzählt, dass sie gewöhnlich neben dem Wurststand steht. Sie hat sicher etwas gesehen."

Die Jungen eilten zurück zu der Platane. Am Stand des Wurstverkäufers hatte sich inzwischen eine lange Schlange gebildet.

Philon sah sehnsüchtig hinüber. „Die Würstchen duften wirklich verlockend. Hättest du nicht auch Lust auf …"

„Auf keinen Fall! Dazu haben wir jetzt keine Zeit." Kephalos zog ihn energisch von dem Stand weg.

Das Blumenmädchen stand nur wenige Schritte entfernt im Schatten des Baumes, bunte Blumengewinde über ihre Arme drapiert.

„Girlanden!", rief sie mit heller Stimme. „Blumengirlanden für die Götter!"

Kephalos unterbrach sie und fragte nach Jason.

„Der Junge mit den grünen Augen?", antwortete sie. „Den sehe ich fast jeden Tag."

„Und gestern?"

„Da habe ich ihn auch gesehen. Das war allerdings seltsam: Er schien es sehr eilig zu haben. Hatte nicht mal Zeit, auf seine Würstchen zu warten."

„Hast du zufällig gesehen, wohin er ging?"

Das Mädchen zuckte mit den Schultern. „Nach da drüben zum Geldwechsler oder vielleicht auch zu Kephisodorus. Da bin ich mir nicht so ganz sicher."

„Zu Kephisodorus, dem Sklavenhändler?" Philon war entsetzt.

Das Mädchen nickte. Dann wandte sie sich ab und begann wieder, ihre Girlanden anzupreisen.

„Heilige Götter des Olymps!", stieß Philon atemlos hervor. „Wenn Jason tatsächlich zu Kephisodorus gegangen und kurz darauf spurlos verschwunden ist, kann das nur eines bedeuten: Der Sklavenhändler hat ihn sich geschnappt!"

Ohne Zeit zu verlieren, stürmten sie zu der Stelle, an der Kephisodorus seine menschliche Ware anbot.

„Hier war gestern kein Junge, der so aussah", brummte der riesige Mann schroff, als Philon ihn auf Jason ansprach.

„Geben Sie's schon zu", platzte Philon heraus. „Sie haben den Jungen verschleppt, um ihn in die Sklaverei zu verkaufen."

Der Sklavenhändler blinzelte einen Moment verwirrt, dann wurde er wütend.

„Also das ist ja die Höhe!", brüllte er. „Was glaubt ihr denn, wer ihr seid! Eine solche Anschuldigung ist ja ungeheuerlich!" Er hob drohend die Hand.

„Alles in Ordnung, Kephisodorus?" Ein Agoranomoi, der auf der Agora für Ordnung zu sorgen hatte, war aufmerksam geworden und kam rasch auf sie zu.

„Der Mann hat einen Bürgersohn entführt", stieß Philon keuchend hervor. „Er will ihn als Sklaven verkaufen!"

„Wie kommt ihr denn auf so einen Unsinn?" Der Aufseher brach in schallendes Gelächter aus. „Kephisodorus ist ein ehrlicher Mann. Er würde sich seine Ware nie auf illegale Weise besorgen."

„Aber Jason ist seit gestern spurlos verschwunden", warf Kephalos ein.

„Jason? Meint ihr etwa den Sohn des Nikias?"

„Ja. Er wurde hier entführt!"

Der Agoranomoi lachte wieder. „Der Junge wurde nicht entführt. Sein Vater hat mich informiert, dass er etwas angestellt hat und deswegen von zu Hause weggelaufen ist. Das ist sicher auch der Grund, warum ich ihn gestern bei Lysias, dem Geldwechsler, sah. Er hat sich bestimmt Geld geliehen, um sich alleine durchzuschlagen. Und jetzt verschwindet!" Er machte eine ungeduldige Handbewegung. „Kephisodorus jedenfalls hat mit der Sache nichts zu tun."

„Glaubst du das?", zischte Kephalos Philon zu, als sie sich eilig entfernten.

„Ich weiß nicht ... Ich traue Kephisodorus nicht", antwortete sein Vetter. „Mal sehen, was der Geldwechsler zu berichten hat."

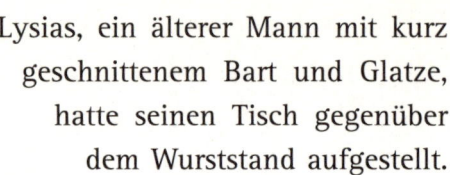

Lysias, ein älterer Mann mit kurz geschnittenem Bart und Glatze, hatte seinen Tisch gegenüber dem Wurststand aufgestellt. Er zählte gerade einige Münzen, als die Freunde sich bei ihm nach Jason erkundigten.

„Jason", lächelte er, „ein netter Junge. Er besucht mich oft. Allerdings nicht, um sich Geld auszuleihen." Er schob ein Häufchen mit ausländischen Münzen auf die Seite. „Soll ich euch ein Geheimnis verraten?"

„Oh ja, bitte", sagten die beiden Jungen fast gleichzeitig und hielten vor Spannung den Atem an.

„Also", Lysias begann, eine Hand voll Silbermünzen auf dem Tisch auszubreiten und sie in zwei Dreiecke zu schieben, „seht ihr die Silbereulen hier?"

Kephalos nickte ungeduldig. „Ja, eine ganze Menge Drachmen mit der Eulenseite nach oben. Aber was ist das Geheimnis?"

„Jason und ich lieben beide Rätsel, und ich stelle ihm öfter Denkaufgaben." Er deutete auf die beiden Münzdreiecke. „Wie kann man die Eulen im unteren Dreieck so verschieben, dass es genauso wie das obere Dreieck aussieht, ohne dabei mehr als drei Eulen zu bewegen?" Er betrachtete die Jungen lächelnd. "Sicher mögt ihr auch Rätsel, oder?" Sie nickten zögernd. "Gut! Wenn ihr wissen wollt, wohin Jason gegangen ist, dann müsst ihr erst die Antwort auf diese Frage finden."

Wie müssen die Jungen die Eulen verschieben?

Widersprüchliche Aussagen

„Unsere Nachforschungen haben uns ja nicht gerade weitergebracht", stellte Philon enttäuscht fest, als sie die verwinkelte, schmale Gasse von der Agora nach Hause gingen. „Keine der Zeugenaussagen deckt sich mit einer anderen. Jeder will etwas anderes beobachtet haben."

„Erinnerung trügt", philosophierte Kephalos. „Das hat Sokrates doch gesagt." Dann grinste er plötzlich. „Was hältst du eigentlich von der Geschichte, die uns der Geldwechsler aufgetischt hat?"

„Wenn du mich fragst", meinte Philon achselzuckend, „der Mann ist total verrückt. Jason sei mit einem einbeinigen Mann Richtung Stoa Basileus gelaufen – also wirklich!"

„Ein Mann mit Holzbein!" Kephalos kicherte. „Stell dir das nur mal vor. So einen Unsinn habe ich noch nie gehört. Dieser Lysias hat wirklich zu viel Fantasie. Der Sklavenhändler dagegen", fügte er ernst hinzu, „scheint mir höchst verdächtig. Wir sollten diese Spur morgen nach der Schule unbedingt weiterverfolgen."

Voller Tatendrang standen die Jungen am nächsten Tag auf und nahmen, wie üblich, ihr Frühstück im Hof des Hauses im Stehen zu sich. Kephalos steckte sich eine Olive in den Mund und spuckte den Stein in hohem Bogen in die Ecke, wo sich die Hühner wie wild darum balgten. „Müssen wir uns nicht langsam auf den Weg machen?"

„Ja", nuschelte Philon mit vollem Mund. Er packte seinen Beutel und griff im Gehen noch schnell nach einem Stück Brot.

„Halt, wartet!" Aristides schritt aus seinem Arbeitszimmer in den Hof. „Ich kann euch unmöglich alleine zur Schule gehen lassen."

„Aber Vater", konterte Philon, „du hast doch selbst

gesagt, das sei kein Problem, solange mein Paidagogos verreist ist."

Aristides schüttelte den Kopf. „Das war, bevor die Kinder verschwanden."

„Kinder?", staunten die beiden Jungen.

„Ja, wie es scheint, ist jetzt auch Daphne von gegenüber weg."

„Daphne, die Tochter von Diodoros? Wie soll die denn verschwinden? Als Mädchen darf sie doch nicht aus dem Haus."

„Das ist es ja eben. Ihr Vater erzählte mir, dass sie gestern mit ihrer Amme ausging – obwohl ihr das verboten war. Seither ist sie nicht wieder aufgetaucht. In diesen Kriegszeiten kann man wirklich nicht vorsichtig genug sein. Ein Sklave wird euch zur Schule begleiten und dort auf euch warten."

Kurz darauf traten die Jungen zusammen mit dem Sklaven hinaus auf die Gasse.

„Die dumme Ziege", schimpfte Philon. „Vermutlich hat sie sich nur verlaufen." Dann fiel ihm plötzlich etwas ein. „Bei Zeus! Daphnes Amme ist aus Sparta! Vielleicht steckt doch mehr dahinter."

„Was? Meinst du etwa, es könnte sich um eine spartanische Verschwörung handeln?" Ungläubig blickte Kephalos seinen Vetter an.

„Klar doch. Die Spartaner umzingeln Athen ohnehin. Bestimmt haben sie auch innerhalb der Stadtmauern heimliche Verbündete."

„Keine schlechte Theorie", lobte ihn Kephalos. „Das wäre möglich. Wir müssen die Amme unbedingt vernehmen."

„Vergiss es!", erwiderte Philon resigniert und warf dem Sklaven einen grimmigen Blick zu. „Mit unserem Wachhund können wir ja nicht mal weiter nach Jason suchen." Er stampfte wütend mit dem Fuß auf, sodass eine Staubwolke aufwirbelte.

Sie gingen schweigend weiter. Obwohl es noch früh war, schien bereits die halbe Stadt auf den Beinen zu sein. Bürger waren auf dem Weg zur Agora, um dort an der täglichen Ratsversammlung teilzunehmen, andere wollten ins nahe gelegene Gymnasion, um Sport zu treiben, Sklaven eilten zum Markt oder kamen vom öffentlichen Brunnen zurück. Auf einmal blieb Philon ruckartig stehen.

„Wenn das kein göttlicher Zufall ist!", rief er und stellte sich breitbeinig vor eine Sklavin, die einen großen Tonkrug auf dem Kopf balancierte. Das Gefäß begann, gefährlich zu schwanken, und das Wasser schwappte über, als das Mädchen versuchte, ihm auszuweichen.

„Sei gegrüßt", sprach er sie an, „Sklavin aus dem Haus des Diodoros."

Die Sklavin, die befürchtete, dass die Jungen ihr einen Streich spielen wollten, musterte sie argwöhnisch.

„Wie heißt du?", fragte Philon.

„Kryseis", antwortete sie kurz und machte Anstalten, weiterzugehen. Doch als Philon ihr erklärte, weshalb er sie angesprochen hatte, stellte sie den schweren Krug ab und hörte ihm aufmerksam zu.

„... und ich dachte mir", beendete der Junge schließlich seinen Bericht, „dass du die Amme sicher gut kennst und sie für uns aushorchen könntest."

Kryseis dachte einen Augenblick nach. „Ich glaube nicht an eure spartanische Verschwörung", erklärte sie schließlich. „Die Amme Leda ist eine liebe Frau, die ihrer Herrschaft niemals etwas antun würde. Seit Daphnes Verschwinden ist sie außer sich vor Kummer." Sie betrachtete die Jungen. „Aber ich werde sie trotzdem fragen, was genau gestern geschehen ist. Wartet heute Abend vor dem Haus auf mich. Vielleicht weiß ich dann mehr."

Geschickt trieb Philon einen Kreisel an, der tanzend Staub aufwirbelte, während Kephalos einen klirrenden Metallreifen vor dem Haus hin und her jagte.

Unter dem Vorwand, dass man auf der Gasse besser spielen könne als im Hof, war es den beiden Jungen gelungen, aus dem Haus zu schlüpfen. Jetzt warteten sie ungeduldig auf Kryseis.

„Da ist sie ja endlich", rief Kephalos, als er sah, dass Kryseis mit ihrem Wasserkrug aus dem gegenüberliegenden Haus trat. Das Mädchen blickte sich vorsichtig um und zog die beiden Jungen um die nächste Ecke.

„Was hast du herausgefunden?" Philon konnte es kaum erwarten.

„Als ich heute Früh vom Wasserholen nach Hause kam", begann Kryseis, „ging ich gleich ins Gynaikeion, um mit Leda zu sprechen."

„Und? Hat sie gestanden?", unterbrach Kephalos sie neugierig.

„Sie war nicht da", erwiderte Kryseis. „Stattdessen wartete dort meine Herrin mit verweinten Augen auf mich. Sie meinte, sie hätte in der vergangenen Nacht wegen Daphne kaum geschlafen und müsste sich etwas hinlegen. Ich sollte Nephele, einer anderen Sklavin, bei der Webarbeit helfen."

„Das ist ja höchst interessant", stellte Philon sarkastisch fest. „Doch wir wollen eigentlich nur wissen, was die Amme dir erzählt hat."

„Sei doch nicht so ungeduldig", tadelte ihn die Sklavin. „Dazu komme ich doch gleich." Sie strich sich eine Haarsträhne aus der Stirn und fuhr mit ihrem Bericht fort. „Ich setzte mich also zu Nephele und half ihr, neue Kettfäden an den Querbalken zu knüpfen. Da Leda immer noch nicht aufgetaucht war, fragte ich die Sklavin, ob sie die Amme gesehen hätte. Sie meinte, Leda säße heulend in ihrer Kammer. Sie hätte schreckliche Angst, die Herrschaft könnte herausfinden, dass sie mit Daphne bei Polyxena war."

„Bei der Hexe?", rief Philon erschrocken.

Kryseis nickte. „Leda hat ein Geheimnis, und Nephele hat es mir verraten", verkündete sie triumphierend. „Ich musste bei der heiligen Athene schwören, dass ich es niemandem weitererzähle."

„Ein Geheimnis?" Kephalos sah sie erwartungsvoll an. „Sag schon."

„Also", kicherte Kryseis. „Leda hat sich angeblich in den Türsteher verliebt. Aber der interessiert sich leider überhaupt nicht für sie. Das war der Grund, weshalb sie zu der Hexe ging. Sie wollte sich einen Liebeszauber besorgen."

„Darf sie das denn?" Philon staunte.

„Eigentlich nicht", erwiderte Kryseis. „Aber zumindest hätte sie dabei Daphne lieber aus dem Spiel lassen sollen."

„Meinst du, die Hexe hat Daphne verzaubert?"

„Keine Ahnung. Als Leda wieder aus dem Hexenhaus trat, war Daphne jedenfalls wie vom Erdboden verschluckt." Sie seufzte. „Natürlich wollte ich wissen, was Leda selbst zu sagen hatte. Sobald ich mich vom Webstuhl loseisen konnte, schlüpfte ich in ihre Kammer und ließ mir von ihr berichten, was vorgefallen war. Was mir Nephele erzählt hatte, behielt ich für mich."

Die Jungen hielten gespannt den Atem an.

„Leda behauptete", fuhr Kryseis fort, „sie sei mit Daphne nach Koile gegangen, um für Daphnes Mutter ein Geschenk zu besorgen. Es gibt dort einen guten Parfümladen. Während Leda zahlte, ging Daphne schon mal auf die Straße, um draußen auf sie zu warten. Als die Amme folgte, war das Mädchen spurlos verschwunden."

Kryseis hielt einen Augenblick inne. „Danach begann Leda, mir unter Tränen zu beteuern, dass sie Daphne niemals mit zu einer Hexe nehmen würde, da das viel zu gefährlich sei."

„Also haben wir schon wieder widersprüchliche Aussagen", stellte Kephalos fest. „Eine der Frauen lügt."

„Ja", stimmte Philon zu. „Und ich weiß auch schon, welche."

Welche der beiden Sklavinnen hat gelogen?

Im Haus der Hexe

„Wenigstens wissen wir jetzt, wo wir weiter nach Spuren suchen müssen", erklärte Philon. „Bei der Hexe."

„Klar", entgegnete Kephalos ironisch, „damit sie uns wie Daphne verzaubert."

Doch Philon überhörte ihn. „Kryseis", wandte er sich an die Sklavin. „Weißt du vielleicht, wo Polyxena wohnt?"

„Ja", das Mädchen nickte. „Nephele hat es mir genau beschrieben. Es ist nicht weit von der Agora, in Koile, dort, wo der Nymphenhügel an die Stadtmauern grenzt."

„Vater wurde zu einem Symposion geladen", stellte Philon nachdenklich fest. „Er kommt heute erst spät nach Hause. Und Mutter ist um diese Tageszeit immer mit Kochen beschäftigt." Er sah die beiden anderen auffordernd an. „Mit etwas Glück könnten wir vor dem Abendessen zurück sein, ohne dass jemand unsere Abwesenheit bemerkt."

„Worauf warten wir dann noch", grinste Kryseis. „Ich kann meiner Herrschaft erzählen, dass ich am Brunnenhaus ewig warten musste."

„Ich weiß nicht so recht ..." Kephalos war sichtlich unwohl bei dem Gedanken, die Hexe zu besuchen.

„Was soll schon passieren", sprach ihm sein Vetter Mut zu. „Los, komm schon." Er packte ihn energisch am Arm und zog ihn die Gasse entlang.

Wenig später hatte das Trio den geschäftigen Marktplatz überquert und lief zielstrebig am Rundbau des Tholos vorbei, wo die täglichen Ratsversammlungen stattfanden.

„An der nächsten Ecke müssen wir rechts abbiegen", verkündete Kryseis, die noch immer ihren leeren Wasserkrug auf dem Kopf balancierte. Inzwischen war auch sie sich nicht mehr sicher, ob es klug war, zu der Hexe zu gehen. Sie blieb einen Augenblick stehen und blickte zurück auf die Agora und die Akropolis, die sich in der Ferne über der Stadt erhob. Die prächtigen Tempel flimmerten im Sonnenlicht.

„Heilige Athene, stehe uns bei", flüsterte sie leise.

Eine schmale, gewundene Gasse führte von hier aus zur Stadtmauer. Gleich links lagen die hohen Mauern des Gefängnisses, hinter denen Gefangene auf ihre Hinrichtung warteten. Danach begann der steinige Weg sacht anzusteigen. Atemlos liefen sie weiter.

„Endlich, das muss es sein!" Kryseis deutete auf ein kleines Haus, das sich neben den Stadtmauern an den felsigen Berghang des Nymphenhügels schmiegte. Zögernd näherten sie sich der Eingangstür, die nur angelehnt war. Philon klopfte beherzt, doch nichts rührte sich.

„Hallo!", rief er. „Ist jemand zu Hause?"

Als sich selbst nach mehrmaligem Klopfen niemand meldete, schlüpften die Kinder schließlich durch den Türspalt in einen düsteren Vorraum, der nur karg mit ein paar Hockern und einem niedrigen Tisch eingerichtet war.

Noch immer war niemand zu sehen. Sie betraten den dunklen Korridor, der direkt in den Nymphenhügel hinein zu führen schien. Am Ende des Ganges konnten sie einen schwachen Lichtschein erkennen.

„Ich habe mal gehört", begann Kryseis flüsternd, während sie sich durch die Dunkelheit vorantasteten, „dass der hintere Teil des Gebäudes aus der Felswand ..." Eine heisere Stimme ließ sie innehalten.

„Borka borka phrix ..."

Sie schauderten. Nur wenige Schritte von ihnen entfernt stand die Hexe über eine Feuerstelle gebeugt. Ihre Haut glühte im goldenen Schein der Flammen, fast, als ob sie von innen heraus leuchtete.

Über dem Feuer stand ein Dreifuß mit einem Kessel, in dem eine braune Masse blubberte. Die Hexe hatte ihre offenen Handflächen gegen die Decke erhoben und summte mit geschlossenen Augen eine eintönige Melodie.

Die Kinder kauerten sich im Schatten des Türpfostens nieder und hielten erschrocken den Atem an. Polyxena sah wirklich zum Fürchten aus, wie sie sich so in Trance hin- und herwiegte. Ihr offenes, verfilztes Haar reichte der Hexe bis zu den Hüften und verdeckte den blutroten Chiton darunter fast vollständig.

„Borka borka phrix, lai lai lamlai", leierte die unheimliche, heisere Stimme der Hexe nun wieder unverständliche Worte vor sich hin. „Naxlai nim lai lailam lai, abraxax, ablaxnas. Namachara, amachar, macha, ach, a ..."

Die Hexe öffnete ihre Augen, die mit leerem Blick ins Feuer starrten. Im Schein der Flammen glühten sie wie rote Kohlen.

Kephalos schnappte entsetzt nach Luft. Das Herz schlug ihm bis zum Hals. Wenn Polyxena sie jetzt entdeckte, würde sie sie sicher in hässliche Kröten oder Ratten verwandeln.

Doch die Hexe war so in ihren Zauber vertieft, dass

sie ihre Besucher nicht wahrnahm. Gerade warf sie etwas in die Flammen, die daraufhin zischten, wie wild auflodern und den Raum in ein blaues Licht tauchten. Graue Rauchschwaden stiegen hoch und hüllten die Hexe in geheimnisvollen Nebel ein.

Kephalos' Augen begannen zu brennen, der Rauch kratzte unerträglich im Hals. Und dann geschah es: Er bekam einen Hustenanfall. Verzweifelt versuchte er, ihn zu unterdrücken, aber vergeblich. Er hustete und hustete so lange, bis sich der Rauch endlich verzogen hatte und aufhörte, seine Kehle zu reizen.

„Schlangenköpfige Medusa!", fluchte die Hexe mit schriller Stimme. „Was macht ihr denn hier? Könnt ihr nicht anklopfen?" Sie funkelte die Kinder an, die wie versteinert dastanden und die Hexe furchtsam anstarrten.

„Bei Hades!", kreischte sie und fuchtelte wild mit den Händen. „Hat es euch die Sprache verschlagen?"

„Verzeihung", krächzte Philon schließlich. „Die Tür war offen. Wir wollten Sie etwas fragen."

„Und?"

„Ähm", stotterte der Junge. „Wir suchen nach der Tochter des Bürgers Diodoros. Sie heißt Daphne und ist seit gestern verschwunden. Wir haben gehört, dass sie vorher mit ihrer Amme hier war."

„Daphne?" Die Hexe zuckte mit den Achseln. „Noch nie von ihr gehört." Dann zog sich ein breites Grinsen über ihr Gesicht. „Ein paar Silbereulen allerdings würden mein Gedächtnis vielleicht wieder auffrischen." Sie hielt ihre Hand auf.

Philon zog eine Münze aus seinem Beutel und reichte sie der Frau, die das Geldstück kritisch prüfte.

„Da ist eigentlich nichts Großartiges zu berichten", begann sie. „Daphnes Amme kam zu mir, um sich einen Liebeszauber zu besorgen. Meine Liebeszauber haben in Athen einen einmaligen Ruf, und viele junge Frauen und Männer suchen mich deswegen auf." Stolz strich sie sich das Haar aus der Stirn.

„Und Daphne?", unterbrach Philon die Hexe.

„Das Mädchen wartete vor dem Haus." Sie räusperte sich. „In der Regel ziehe ich es vor, mit meinen Kunden allein zu sein. Nachdem Leda und ich unser Geschäft erledigt hatten, traten wir auf die Straße hinaus. Das Kind war weg."

„Haben Sie eine Ahnung, was passiert sein könnte?" Philon blickte Polyxena erwartungsvoll an.

„Das liegt doch wohl auf der Hand", meinte die Hexe. „Sie hat die Gelegenheit beim Schopf ergriffen und ist davongelaufen. Und vorher hat mir das dumme Ding noch mit Kohle ein N auf die Hauswand geschmiert! Wenn ich die erwische ..."

„Aber wieso sollte sie denn davonlaufen?"

„Ihre Amme hat mir erzählt, dass das Mädchen demnächst nach Brauron gehen sollte."

„Das stimmt", bestätigte Kryseis. „Daphne war kürzlich als Priesterin für das Artemis-Heiligtum in Brauron auserwählt worden. Aber deswegen wäre sie nie weggelaufen. Sie war sehr stolz darauf und konnte es kaum erwarten."

Polyxena zuckte mit den Achseln. „Wie es scheint, war sie das wohl doch nicht ..."

„Nein", Kryseis war sich ganz sicher. „Das ist bestimmt nicht der Grund für ihr Verschwinden."

Da hatte Philon eine Idee. Er zog noch eine Münze aus seinem Beutel und hielt sie zwischen zwei Fingern hoch.

„Gibt es möglicherweise einen Zauber, mit dessen Hilfe wir herausfinden könnten, was mit Daphne geschehen ist?", fragte er die Hexe.

Polyxena begutachtete die Münze mit gierigen Augen.

„Vielleicht", meinte sie. „Ich könnte ein Orakel befragen. Gelegentlich hilft das in solchen Situationen weiter." Sie griff nach dem Geldstück und holte von einem Haken an der Wand einen kleinen Lederbeutel. Dann begann sie, den Beutel, dessen Inhalt leise rasselte, zu schütteln. Sie murmelte einen unverständlichen Zauberspruch, öffnete das Säckchen und leerte es auf dem Boden aus.

„Bohnen?", bemerkte Kephalos. „Wie sollen uns verschrumpelte Bohnen weiterhelfen?" Fassungslos betrachtete er die getrockneten Bohnen, die auf dem Boden verstreut lagen.

„Die Bohnen sind mit Buchstaben markiert", erklärte die Hexe. „Die dunklen Bohnen zählen nicht.

Wenn ihr die Buchstaben auf den hellen Bohnen in der richtigen Reihenfolge aneinander reiht, dann geben sie euch einen Hinweis."

Philon schüttelte ungläubig den Kopf. „Können Sie uns nicht einfach sagen, wie der Hinweis lautet?"

„Das müsst ihr schon selbst herausfinden", meinte die Hexe und lachte hämisch. „Ich kann euch da nicht weiterhelfen. Ich kann nicht lesen."

Welche Botschaft ist im Orakel verborgen?

Bescheidene Einbrecher?

Am nächsten Morgen herrschte im Haus des Aristides helle Aufregung.

„Ich habe wirklich nichts gehört und gesehen", beteuerte der alte Türsteher, den Tränen nahe, während Aristides rastlos im Hof auf und ab schritt. Er konnte es immer noch nicht fassen, dass in der Nacht in sein Arbeitszimmer eingebrochen worden war.

Kephalos, seine Tafel bereits unter dem Arm, spähte neugierig durch die offene Tür. „Bei Zeus!", rief er entsetzt. „Das sieht ja aus, als sei ein wilder Stier hindurchgestürmt."

Der Raum, sonst stets mustergültig aufgeräumt, war nicht wiederzuerkennen. Buchrollen und Pläne, die normalerweise in Schatullen aufbewahrt wurden, lagen halb aufgerollt auf dem Steinboden verstreut. Entwurfszeichnungen, gewöhnlich ordentlich auf dem Zeichentisch ausgebreitet, waren vom Tisch gefegt worden. Zu allem Überfluss war der dreifüßige bronzene Ständer, auf dem eine Öllampe ruhte, umgestürzt worden, und das Öl hatte sich über zahlreiche Schriftstücke ergossen. Die Holztruhe in der

Ecke hatten die Einbrecher gewaltsam aufgebrochen. Betroffen blickte Kephalos auf die leere Wandnische hinter dem Zeichentisch. Wo war Onkel Aristides' Lieblingsstück? Sein erlesener Weinkrater, ein Geschenk von Perikles, auf den er so stolz war, lag in unzählige Scherben zerbrochen auf dem Steinboden.

„Ist viel gestohlen worden?", fragte Kephalos den Onkel leise.

Aristides schüttelte den Kopf. „Den Göttern sei Dank!", seufzte er. „Irgendetwas muss die Männer bei ihrer Arbeit überrascht haben, denn es fehlt kaum etwas. Soweit ich es beurteilen kann, ist nur die wertlose Bauzeichnung einer Lagerhalle, die ich vergan-

genes Jahr in Piräus gebaut habe, verschwunden. Sonst nichts."

„Seltsam." Kephalos betrachtete das Chaos stirnrunzelnd. „Warum stehlen Mauerdurchbrecher einen alten Plan? Normalerweise sind die doch eher auf Silber und Gold aus."

„Das ist mir auch ein Rätsel", meinte der Onkel. „Die Kassette, in der ich meine Silbereulen aufbewahre, haben die Einbrecher zwar aufgebrochen, doch kein einziger Obolus fehlt."

„Wenn ihr mich fragt", mischte sich Philon ein, „haben die Einbrecher nach etwas Bestimmtem gesucht."

„Was sollen sie denn gesucht haben?" Aristides schüttelte den Kopf. „Den wertlosen Plan einer Lagerhalle, die längst gebaut ist? Nein, der ist, außer als Schmierpapier, für niemanden von Nutzen."

Er runzelte die Stirn. „Ist es nicht Zeit, dass ihr euch auf den Schulweg macht?"

„Ja", räumte Philon nur unwillig ein. Er hätte viel lieber im Arbeitszimmer nach Spuren gesucht, doch davon wollte sein Vater absolut nichts wissen.

Kurz darauf standen die Jungen mit ihrem Sklaven draußen auf der Gasse, wo sich vor dem Haus des

Architekten bereits eine kleine Menschenmenge versammelt hatte. Die Umstehenden betrachteten neugierig die Hauswand. In der Mauer, nicht weit von der Haustür entfernt, klaffte ein Loch, gerade groß genug, dass ein Mann hindurchkriechen konnte.

„Warte einen Augenblick", befahl Philon dem Sklaven. „Wir kommen gleich." Er konnte es sich einfach nicht entgehen lassen, das Loch, durch das die Einbrecher ins Arbeitszimmer eingedrungen waren, genauer anzusehen. Gerade wollte er Kephalos durch das Gedränge näher zur Wand ziehen, als er eine bekannte Stimme hinter sich hörte.

„Was ist denn hier los?" Es war Kryseis, die später als gewöhnlich unterwegs zum Brunnen war.

„Mauerdurchbrecher", erklärte ihr Philon fachmännisch. „Sie haben vergangene Nacht bei uns eingebrochen."

„Haben die Einbrecher viel gestohlen?", fragte das Mädchen besorgt, während sie gleichzeitig die Jungen näher zur Mauer schob, um das Loch besser sehen zu können.

„Bis auf einen wertlosen Plan ist nichts verschwunden."

„Seltsam", murmelte Kryseis und stellte ihren Wasserkrug ab. „Einbrecher, die sich erst die Mühe machen, durch eine Mauer zu brechen und dann nichts mitgehen lassen – das habe ich ja noch nie gehört." Sie überlegte einen Augenblick. „Vielleicht dachten sie, dass es ein Schatzplan ist." Interessiert betrachtete sie die Öffnung.

Ein älterer Mann neben ihr, der das Loch ebenfalls neugierig begutachtete, schob einen zerbrochenen Lehmziegel zur Seite. „Wenn die Athener ihre Mauern solider bauen würden", sagte er, „könnte so etwas nicht passieren."

„Andererseits", mischte sich ein anderer Mann ein, der die Bemerkung gehört hatte, „haben schlecht gebaute Mauern auch ihr Gutes."

„Und was wäre das?"

„Würden wir solide Mauern bauen, hätten die Bewohner von Platäa es nie geschafft, sich heimlich zu treffen."

„Richtig", stimmte ihm der Alte lachend zu. „Das hätte ich beinahe vergessen."

„Was meint er denn damit?", fragte Kryseis die Jungen flüsternd.

„Was, du weißt nicht, was im Frühjahr in Platäa passiert ist?" Philon blickte die Sklavin erstaunt an.

Kryseis zuckte mit den Achseln.

„Ach so", grinste Philon. „Ich hätte fast vergessen, dass du nur ein Mädchen bist."

„Und was soll das nun bedeuten?"

„Na, dass du nichts weißt."

Die Sklavin funkelte den Jungen wütend an. „Ich weiß mehr, als du denkst", fauchte sie.

„Ach was?" Philon grinste. „Es ist doch bekannt, dass es äußerst gefährlich ist, wenn Mädchen zu viel wissen. Deswegen dürfen sie ja nicht zur Schule. Mein Vater sagt immer, dass zu viel Wissen Mädchen zu den reinsten Giftschlangen macht."

„So ein Quatsch", fuhr ihn Kryseis beleidigt an. Sie griff nach ihrem Wasserkrug, hob ihn schwungvoll an und platzierte ihn auf ihrem Kopf. Wenn die Jungen sie so behandelten, dann würde sie ihnen eben nicht verraten, was sie soeben entdeckt hatte. Sollten sie es doch selbst herausfinden, wenn sie so viel wussten.

„Vermutlich interessiert es euch sowieso nicht", sagte sie spitz. „Doch ich habe soeben herausgefunden, dass Jasons und Daphnes Verschwinden mit dem Einbruch bei euch im Haus zusammenhängt." Dann drehte sie sich um. „Guten Morgen", sagte sie und wollte Richtung Brunnenhaus davongehen.

„Halt, warte!", rief Kephalos, während er sie sachte am Arm zurückhielt. „Philon hat das nicht so gemeint. Es ist wichtig, dass wir zusammenhalten." Er sah das Mädchen bittend an. „Du weißt doch selbst, was das Bohnenorakel gesagt hat: ‚Helft uns!' Wir können Daphne und Jason doch nicht einfach im Stich lassen."

Kryseis blieb unentschlossen stehen.

„Na, sag schon", bettelte Philon, der sich vor Neugier kaum mehr halten konnte. „Wieso vermutest du, dass die Entführungen und der Einbruch zusammenhängen?"

„Das würdet ihr wohl gerne wissen." Kryseis genoss es, die beiden Jungen hinzuhalten. „Erst sagt ihr mir, was in Platäa passiert ist, dann verrate ich euch, was ich entdeckt habe."

„Na gut", stöhnte Philon. „Im Frühjahr, kurz bevor der Krieg mit Sparta ausbrach, wurde Platäa, eine Polis, die mit uns verbündet ist, von den Thebanern besetzt. Siegessicher waren die Feinde überzeugt, dass sich die Stadtbewohner resigniert in ihre Häuser zurückgezogen hatten. Sie hegten nicht den geringsten Verdacht, dass die Männer in der Nacht die Verbindungsmauern zwischen den Häusern durchbrachen, um sich heimlich zu versammeln und einen Angriff gegen die Belagerer vorzubereiten. Im Morgengrauen stürmten sie dann aus den Häusern und verjagten die ahnungslosen Thebaner aus der Stadt. Das war alles. Und du, was hast du herausgefunden?"

Kryseis grinste. „Ich dachte, ein Mädchen weiß nichts."

„Das darf doch wohl nicht wahr sein", platzte Kephalos plötzlich heraus und deutete auf das Loch in der Wand, wo einige Hühner im Straßenstaub nach Körnern pickten. Eine Ziege hatte sich dazugesellt und schnupperte an den zerbrochenen Ziegeln. Sie fand ein staubiges Büschel Gras, rupfte es aus und begann, genussvoll zu kauen.

„Ja und?", fragte Philon. „Hühner und eine Ziege? Was ist da so Besonderes daran?"

„Nein, nicht die Tiere, du Dummkopf. Schau mal genauer hin! Kryseis hat Recht. Der Einbruch hängt tatsächlich mit Daphne und Jason zusammen. Und außerdem weiß ich jetzt genau, welcher der Zeugen auf der Agora die Wahrheit gesagt hat."

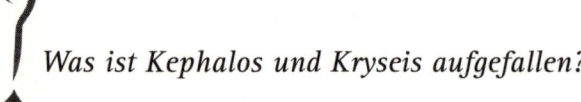

Was ist Kephalos und Kryseis aufgefallen?

Der Bettler am Brunnen

„Natürlich", rief Philon, „jetzt sehe ich es auch. Die Fußspuren, die zum Loch führen, gehören einem Mann mit Holzbein. Der Geldwechsler hat uns doch nicht angelogen."

„Stimmt", bestätigte Kephalos. „Und jemand hat ein N an die Wand geschmiert. Das gleiche N wie auf Jasons Tafel ..."

„... und", ergänzte Kryseis, „auf der Wand des Hexenhauses."

„N", überlegte Philon. „Was kann das nur bedeuten?"

In diesem Augenblick kam ein junger Mann die Gasse hochgerannt. Schweißperlen glitzerten auf seiner Stirn. „Acharnä brennt!", keuchte er atemlos. „Die Spartaner haben unsere Olivenhaine und Weizenfelder in Brand gesteckt!"

Kephalos blickte erschrocken auf.

„Acharnä? Unmöglich!", warf einer der Umstehenden ein.

„Doch", bekräftigte der Läufer, „man kann die Rauchschwaden von der Stadtmauer aus sehen."

„Wir sollten die Spartaner endlich auch auf dem Land angreifen", mischte sich ein Mann, der einen purpurroten Chlamys trug, ein. „Ich bin es leid, untätig zuzusehen, wie unsere Feinde Attika brandschatzen."

„Wir sind nicht untätig", entgegnete ein älterer Mann. „Perikles' Strategie ist es, den Feind dort anzugreifen, wo er am verletzlichsten ist: auf dem Meer. Unsere Flotte attackiert täglich peloponnesische Küstenstädte."

„Aber was haben wir davon, wenn die Spartaner gleichzeitig unsere Felder in Brand stecken?", rief ein junger Archaner aufgebracht. „Allein Acharnä hat fast 3000 Hopliten, die alle tatenlos hier in Athen herumsitzen. Zusammen mit unseren Bundesgenossen wäre es uns ein Leichtes, die Spartaner auch auf dem Land zu besiegen."

„Genau!", stimmte ihm der Mann im roten Umhang begeistert zu. „Auf in die Schlacht!"

Eine heiße Diskussion entwickelte sich, und niemand interessierte sich mehr für das Loch in der Wand.

„Jetzt ist Diodoros auch noch eine Sklavin entlaufen", verkündete Aristides am folgenden Morgen.

„Erst die Tochter, dann die Sklavin." Er packte den Zipfel seines Himations mit der rechten Hand und warf den Umhang weit ausholend über die linke Schulter, während einer der Haussklaven die Falten glatt strich.

Die beiden Jungen tauschten einen viel sagenden Blick aus. „Also doch eine spartanische Verschwörung", zischte Philon. „Ich wette, die Amme hat sich nach Sparta abgesetzt."

„Die Sklavin ging gestern Früh zum Brunnen", fuhr sein Vater fort, „und ist nicht mehr zurückgekehrt."

„Zum Brunnen?", rief Kephalos entsetzt aus. „Aber das ist ja ..."

„Ja", fiel ihm Aristides ins Wort, „das ist wirklich unerhört."

„... Kryseis", beendete Kephalos flüsternd seinen Satz. „Sie haben Kryseis erwischt." Erschrocken sahen sich die Freunde an.

Wenig später traten sie zusammen mit dem Sklaven hinaus auf die Gasse. Ein Handwerker war gerade dabei, das Loch in der Wand zuzumauern und neu zu verputzen. Wortlos schlugen sie den Weg zur Schule ein.

„Und was jetzt?", brach Philon schließlich das Schweigen.

„Keine Ahnung", erwiderte Kephalos finster. Doch dann hellte sich sein Blick auf. „Wir könnten nach der Schule zum Brunnenhaus gehen, um dort nach Spuren zu suchen."

„Gute Idee!", stimmte ihm Philon erleichtert zu. „Bei den Stiegen neben dem Brunnen sitzt immer ein Bettler. Jeden Tag hockt er dort und spielt Flöte. Vielleicht ist ihm ja etwas Ungewöhnliches aufgefallen."

Der Unterricht erschien den Jungen an diesem Tag endlos. Zuletzt kündigte Nikomedes, ihr Lehrer, an, dass er ihnen eine Passage aus der Odyssee diktieren würde. Anschließend sollten die Schüler den Text auswendig lernen, und ihn, wie im Theater, mit verteilten Rollen vortragen. Philon machte dies normalerweise großen Spaß, doch heute war er überhaupt nicht bei der Sache. Erst als er das Wort *Piraten* hörte, spitzte er die Ohren.

„In diesem Abschnitt der Odyssee", erklärte der Lehrer, „erzählt uns der Schweinehirt Eumäus seine Lebensgeschichte. Eumäus, stellt sich heraus, ist nicht immer Schweinehirt gewesen, sondern war einst der Sohn eines mächtigen Königs. Eines Tages jedoch landeten phönizische Händler in seinem Vaterland. Eumäus' Amme, eine Phönizierin, die als Mädchen von Piraten entführt und in die Sklaverei verkauft worden war, bekam dadurch die einmalige Gelegenheit, in ihr Heimatland zurückzukehren. Sie entführte Eumäus und tauschte ihn bei den Händlern gegen eine Heimfahrt auf dem Schiff ein."

Als die Jungen nach Schulschluss aus dem Klassenzimmer stürmten, erläuterte Philon seinem Vetter leidenschaftlich seine neue Theorie. Er war sich seiner Sache jetzt ganz sicher: Die verschwundenen Kinder waren von Piraten entführt worden. Doch Kephalos war alles andere als überzeugt.

„Piraten", hielt er dagegen, „leben auf Schiffen. Zugegeben, sie sind gefährlich, doch sie würden es nie wagen, in Athen an Land zu gehen, um dort Kinder zu rauben. Bevor wir voreilige Schlüsse ziehen, sollten wir erst den Bettler befragen."

„Einverstanden." Philon wollte schon losziehen, als er den Sklaven sah, der auf der gegenüberliegenden Straßenseite auf die Jungen wartete. „Aber was machen wir mit unserem Wachhund?", murmelte er enttäuscht.

„Da wird uns bestimmt etwas einfallen." Kephalos zwinkerte ihm grinsend zu. „Bist du nicht auch hungrig und durstig?"

„Nein, wieso?", wunderte sich Philon.

„Wäre es nicht toll, wenn uns der Sklave auf der Agora Würstchen besorgen würde, während wir zum Brunnen gehen, um zu trinken?"

„Würstchen? Trinken? Bist du jetzt völlig übergeschnappt?"

Kephalos schüttelte ungeduldig den Kopf. „Verstehst du denn gar nichts? Natürlich gehen wir nicht zum Brunnen, um zu trinken. Wir gehen dorthin, um ungestört mit dem Bettler zu reden, während der Sklave die Würstchen holt."

„Kephalos, du bist ein Genie!" Philon klopfte ihm anerkennend auf die Schulter. „Natürlich bin ich hungrig", schmunzelte er. „Hörst du nicht, wie mein Magen knurrt?"

Von der Schule, die in einer kleinen Seitenstraße lag, war es nur ein Katzensprung zur Agora, und der Sklave ließ sich mühelos dazu überreden, den kleinen Umweg zu machen. Er lieferte die Jungen am Brunnenhaus ab, und nachdem sie ihm versichert hatten, dort brav auf ihn zu warten, steuerte er zielstrebig auf die Wurststände zu.

Das Brunnenhaus war ein beeindruckender Säulenbau. Überall sprudelte frisches Quellwasser aus steinernen Löwenköpfen. Das Wasser stammte vom Lykabettos-Berg und wurde von dort in Rohren in die Stadt geleitet. Wie Philon vorausgesagt hatte, hockte der Bettler an seinem Stammplatz gleich neben der steilen Treppe. Er nickte den Jungen freundlich zu, ohne die melancholische Melodie, die er auf seiner Panflöte spielte, zu unterbrechen.

Kephalos wartete nicht, bis der Bettler sein Stück beendet hatte, sondern fragte ihn ohne Umschweife nach Kryseis. Augenblicklich unterbrach der Bettler sein Flötenspiel und musterte die beiden Jungen aufmerksam. Dann deutete er aufgeregt auf die Scherben eines Tonkruges am Straßenrand und stieß dabei unverständliche Laute aus.

„Kryseis' Wasserkrug!", stieß Philon hervor.

Der Bettler nickte energisch.

„Erzähl uns, was geschehen ist!", ermunterte Kephalos den Mann. Doch der schüttelte traurig den Kopf und zeigte auf seinen Mund. Er war stumm. Enttäuscht wollten die Jungen schon aufgeben, da begann der Bettler, mit seinem Zeigefinger kleine Figuren in den Straßenstaub zu malen.

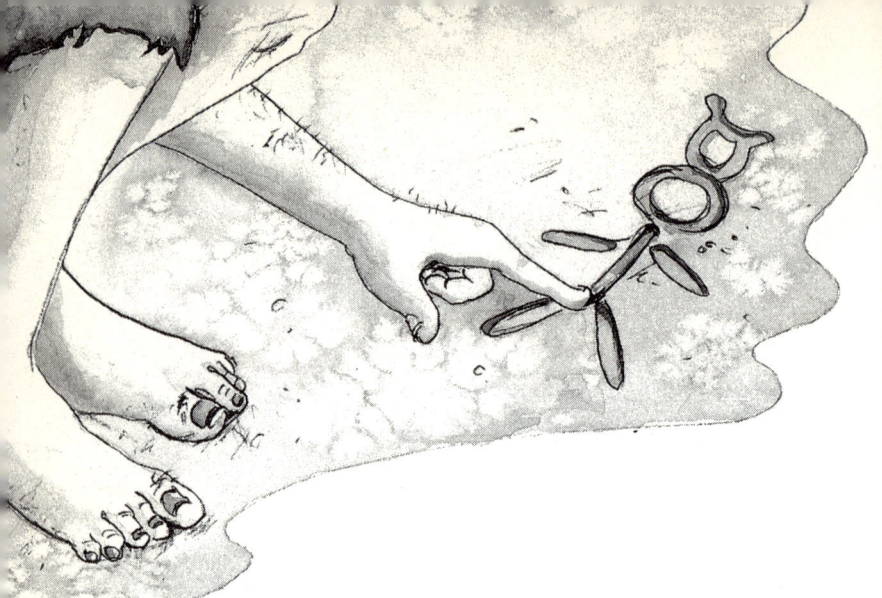

„Soll das Kryseis sein?", fragte Philon ihn aufgeregt und deutete auf eine Figur, die einen Wasserkrug auf dem Kopf trug.

Der Bettler nickte und fuhr eifrig fort zu zeichnen.

„Bei Zeus", rief der Junge erschüttert, als er schließlich die Bildergeschichte betrachtete. „Kryseis wurde von dem Einbeinigen und einem Komplizen verschleppt. Wie wir vermutet haben. Wohin hat man sie nur gebracht?"

Da zog der Bettler einige Scherben aus seinem Bündel und reichte sie dem Jungen, der sie gleich neugierig untersuchte.

„Da steht etwas drauf", stellte er fest. „Soll das ein Hinweis sein?"

Der Bettler nickte lebhaft.

„Aber das ist völlig unleserlich", meinte Kephalos enttäuscht.

„Nein", entgegnete Philon. „Nicht, wenn wir versuchen, die Bruchstücke zusammenzusetzen!"

? *Was steht auf den Scherben?*

Die Herberge zum blauen Delfin

„Neue Lieferadresse: Xanthias' Lagerhalle in Piräus", las Philon stockend vor, nachdem er die Teile zusammengesetzt hatte. „Was soll das? Haben etwa die Entführer diese Scherben verloren?"

Heftig nickend bejahte der Bettler.

Philon überlegte. „Ob sie die geraubten Kinder dort versteckt halten?"

Der Alte machte eine abwägende Handbewegung, als sei er sich nicht ganz sicher, und begann eifrig, wieder etwas in den Straßenstaub zu zeichnen. Erstaunt beobachteten die Jungen, wie vor ihnen die Skizze eines Segelschiffes mit gehissten Segeln entstand, umgeben von Wellen, Fischen und Delfinen.

Kephalos begriff als Erster, was der Bettler meinte. „Die Kinder werden in der Lagerhalle gefangen gehalten, um von dort aus auf dem Schiff aus Attika herausgeschmuggelt zu werden! Wahrscheinlich sollen sie im Ausland in die Sklaverei verkauft werden!" Er schauderte.

„Natürlich!" Philon sah plötzlich alles klar vor sich. „Der gestohlene Plan aus Vaters Arbeitszimmer!

Ich möchte wetten, dass die Entführer die Kinder in der Halle gefangen halten, die Vater gebaut hat. Kephalos, wir müssen unbedingt nach Piräus!"

„Zwei Jungen allein nach Piräus? Im Krieg?", wandte sein Vetter ein. „Das erlaubt Aristides nie! Außerdem ist es viel zu weit."

„Genau 39 Stadien", klärte ihn Philon auf. „Das ist leicht zu schaffen." Er hielt einen Augenblick inne und dachte nach. „Wolltest du nicht unbedingt einmal eine Baustelle meines Vaters besichtigen?"

„Nicht, dass ich wüsste."

„Na, jetzt willst du es eben", verkündete Philon bestimmt. „Soviel ich weiß, hat Vater morgen auf seiner Baustelle in Piräus zu tun. Wenn du ihm etwas schmeichelst, nimmt er uns sicher mit."

„Ja, das könnte klappen. Aber können wir wirklich sicher sein, dass der Bettler uns nicht anlügt? Woher will er denn so genau wissen, wohin die Entführer Kryseis gebracht haben?"

Der Bettler, der die Auseinandersetzung der beiden Jungen aufmerksam verfolgt hatte, grinste breit, sodass man seine Zahnlücken sehen konnte. Dann zog er theatralisch an seinen Ohren.

„Natürlich!" Kephalos lachte, und seine Zweifel verschwanden. „Wie konnte ich nur Ihre Ohren vergessen. Die Entführer haben sich unterhalten, und Sie haben alles mitbekommen. Sie haben uns sehr geholfen, vielen Dank!", und er warf dem Bettler eine Münze in die Schale. Gerade rechtzeitig, denn in diesem Augenblick kam der Sklave mit den Würstchen zurück.

Am nächsten Morgen, kurz nach Sonnenaufgang, traten Aristides, sein Sekretär und die beiden Jungen durch das Tor in der südlichen Stadtmauer. Am Vortag waren in Athen drei weitere Kinder verschwunden. Die Nachricht hatte sich wie ein Lauffeuer he-

rumgesprochen. Aristides war es daher nur recht, die Jungen mitzunehmen. Wenigstens, so glaubte er, waren sie in Piräus vor dem geheimnisvollen Kinderfänger sicher. Er hatte vor, dort in einer Herberge zu übernachten und erst am folgenden Tag wieder nach Athen zurückzukehren.

„Ist hier immer so viel los?", wunderte sich Kephalos, als er sah, wie viele Menschen auf der gepflasterten Straße zwischen den langen Mauern unterwegs waren.

„Nein, im Gegenteil", erklärte Aristides seinem Neffen. „In Friedenszeiten wird diese Straße kaum benutzt. Da marschieren hier nur gelegentlich Soldaten entlang. Für den normalen Verkehr gibt es eine

weitere Straße, die außerhalb der Mauern nach Piräus führt. Aber im Krieg ist es viel zu gefährlich, sie zu benutzen."

„Und was für Leute sind das da drüben?" Kephalos wies auf die notdürftig aufgeschlagenen Zelte und Bretterverschläge an der Mauer.

„Das sind wie du Flüchtlinge aus Attika", seufzte der Onkel. „Wer keine Verwandten oder Freunde in der Stadt hat, muss schauen, wo er unterkommt. Wenigstens sind sie zwischen den langen Mauern vor den Spartanern sicher."

Sie gingen schweigend weiter.

„Ich bin müde", beschwerte sich Philon nach einer Weile. „Können wir nicht ein bisschen rasten?"

Sein Vater prüfte den Stand der Sonne. „Na gut", meinte er, „solange wir vor Mittag in der Stadt sind." Er schob seinen breitrandigen Hut zurück, lehnte seinen Wanderstab an die Mauer und hockte sich auf einen Stein am Straßenrand. Die Jungen machten es ihm nach.

„Während wir Pause machen, kann ich euch schon einmal ein bisschen von Piräus erzählen", sagte Aristides kurz darauf. Er wandte sich an seinen Sohn. „Hast du deine Wachstafel dabei?"

Der Junge stutzte, zog die Tafel und den Griffel

aus seinem Beutel und reichte sie stirnrunzelnd dem Vater.

Dieser ritzte geschickt ein Gittermuster in das Wachs und beschriftete es.

„Das ist ein Plan von Piräus", erklärte er. „Fällt euch etwas Besonderes auf?"

„Die Straßen sind alle gerade, nicht verwinkelt wie in Athen", stellte Kephalos fest.

„Richtig", lobte ihn sein Onkel. „Und wisst ihr, warum das so ist?" Der Onkel wartete keine Antwort ab, sondern setzte gleich mit seiner Erklärung fort. „Piräus wurde nach den Perserkriegen von dem berühmten Städteplaner Hippodamos völlig neu wieder aufgebaut. Wer hätte je gedacht, dass man Straßen mit einem Lineal ziehen kann ..."

Philon gähnte gelangweilt. Wenn sein Vater erst einmal anfing, über Architektur zu reden, dann hörte er nicht so schnell wieder auf.

Noch bevor die Sonne den Zenit erreicht hatte, kamen sie in der Hafenstadt an. Eine frische Brise vom Meer trug den Geruch von Salz und Fisch in die Stadt. Die Straßen waren voller Menschen, und es gab so viel zu sehen, dass es Kephalos fast schwindelig wurde.

„Aristides", ertönte plötzlich eine Stimme aus dem Gewühl. „Welche Überraschung, Sie hier zu sehen."

„Xanthias!" Aristides hielt erfreut an. „Wie läuft das Geschäft?"

„Ich kann mich nicht beschweren", antwortete der andere. Rasch waren die beiden Männer in ein Gespräch über Öl- und Weinpreise, den Krieg und die Flüchtlingssituation vertieft.

„Xanthias! Das ist unser Mann", raunte Philon seinem Vetter aufgeregt zu, als sie schließlich weitergingen.

Kephalos nickte ernst. „Ja. Wir müssen so schnell wie möglich herausfinden, wo seine Lagerhalle steht, um die Kinder zu befreien."

Doch dazu hatten sie den ganzen Tag keine Gelegenheit. Aristides hatte sich vorgenommen, ihnen nicht nur seine neueste Baustelle, sondern auch alle Tempel und Denkmäler der Stadt zu zeigen. Kephalos' Bitte, auch einen seiner vollendeten Bauten – wie beispielsweise die Lagerhalle des Xanthias – zu besichtigen, wurde auf den nächsten Tag verschoben. Erschöpft und mit wunden Füßen kamen sie am Abend schließlich in der Herberge zum blauen Delfin an, wo Aristides übernachten wollte.

„Sie haben Glück", knurrte der Wirt unfreundlich. „Wir haben noch zwei Zimmer frei." Er humpelte hinter der Theke hervor und rief nach einem Sklaven. Bei seinem Anblick hielten die Jungen vor Schreck den Atem an: Der Mann hatte ein Holzbein.

Einen Augenblick später führte sie ein Sklavenjunge die Holztreppe in den ersten Stock hinauf.

„Dein Herr", sprach Philon den Jungen an, als er ihnen ihre Kammer zeigte, „wer ist der Mann?"

„Kreon aus Kition", gab der Junge wortkarg Auskunft.

„Kann es sein, dass er in der letzten Zeit häufig in Athen war?", fragte Kephalos weiter.

„Warum wollt ihr das wissen?", gab der Junge misstrauisch zurück.

„In Athen sind einige Kinder verschwunden, und wir haben den Verdacht, dass man sie hierher gebracht hat!" Philon hatte keine Lust, um den heißen Brei herumzureden.

„Woher ...?", stotterte der Junge. „Nein, damit hat mein Herr nichts zu tun!" Und er schlüpfte eiligst aus dem Zimmer.

In dieser Nacht konnten Kephalos und Philon nicht einschlafen. Es gab zu viel zu bereden. Da hörten sie plötzlich ein leises Klopfen an der Tür. Als Kephalos öffnete, konnte er gerade noch eine Gestalt erkennen, die den Gang entlangeilte und im Schatten verschwand. Gerade wollte er die Tür wieder schließen, als er auf der Schwelle einen zerknüllten Zettel bemerkte. Er hob ihn auf und strich das Papier sorgfältig glatt.

„Da steht etwas drauf", stellte er fest und hielt den Zettel neugierig in das fahle Licht der Fackel, die den Gang spärlich erleuchtete. „Allerdings ist es kein Griechisch." Stirnrunzelnd studierte er die Buchstaben. „Es sei denn ... genau, das ist es! Wenn man die Buchstaben umstellt, dann ergeben sie doch einen Sinn." Fieberhaft begannen die Jungen, die Nachricht zu entziffern.

Wie lautet die Nachricht?

Piräus bei Nacht

„Ich möchte wetten, dass diese Nachricht von dem Sklavenjungen ist", sagte Philon aufgeregt.

„Ja", stimmte ihm Kephalos zu. „Meinst du, dass er doch etwas von den geraubten Kindern weiß und uns helfen will, sie zu befreien?"

„Gut möglich." Philon schlüpfte in seine Sandalen und schnürte sorgfältig die Bänder fest. „Um das herauszufinden, müssen wir zu dem Treffpunkt am Hafen."

„Moment mal", zögerte sein Vetter. „Was, wenn es eine Falle ist? Vielleicht handelt er im Auftrag seines Herrn?"

„Unsinn, du Angsthase!" Philon strich seinen Chiton glatt. „Dazu müssten sie uns doch nicht erst heimlich in den Hafen locken." Er hängte sich seinen Beutel um und schlich leise aus dem Zimmer. Kephalos folgte ihm mit gemischten Gefühlen. Kurz vor den Stufen, die ins Erdgeschoss führten, blieb Philon ruckartig stehen.

„Der Türwächter", zischte er. „Da kommen wir nie vorbei!" Tatsächlich konnte man unten die Umrisse eines kräftigen Mannes erkennen, der auf einer Bank neben der verriegelten Eingangstür hockte. Sie hörten, wie er gerade in eine rohe Zwiebel biss und laut schmatzend kaute.

„Komm!" Kephalos packte seinen Vetter am Arm und zog ihn zurück in den Gang. „Ich habe eine bessere Idee." Vorsichtig führte er ihn eine schmale Stiege hoch. Gleich darauf fanden sich die Jungen unter einem strahlenden Sternenhimmel auf dem Flachdach des Hauses wieder.

„Und wie", fragte Philon, „sollen wir von hier aus auf die Straße kommen?"

„Fliegen", grinste Kephalos, „wie Ikaros."

„Haha. Sehr witzig."

Kephalos lachte. „Ich mache doch nur Spaß. Hast du nicht das Spalier an der Hauswand gesehen?

Daran können wir ganz einfach auf die Straße hinunterklettern." Er schwang sich über den Rand des Daches und suchte in den Querleisten nach Halt. Vorsichtig tastete er sich die Hauswand hinab, bis er schließlich mit einem Satz auf dem Boden landete. Gleich darauf stand auch Philon neben ihm.

Vor der Herberge kreuzten sich zwei Straßen. „Hier lang", meinte Philon. „Der Hafen kann nicht weit sein." Zielsicher maschierten sie los und konnten es kaum fassen, als sie wenig später vor dem Stadttor standen, durch das sie am Vormittag Piräus betreten hatten. „War wohl doch die falsche Richtung", murmelte Philon kleinlaut.

„Wir könnten jemanden fragen", schlug Kephalos vor, aber bis auf ein paar Hunde waren die Straßen wie leer gefegt. Selbst das Tor, das auf die Straße zwischen den Mauern führte, war unbewacht. Den Jungen blieb keine andere Wahl, als umzukehren.

„Den Göttern sei Dank!", rief Kephalos erleichtert, als kurz darauf eine Gestalt in der Dunkelheit auftauchte. „Es ist doch noch jemand unterwegs."

Zuversichtlich eilten sie der Gestalt entgegen, doch fast gleichzeitig hielten sie wieder an. Der Mann schwankte von einer Straßenseite zur anderen und sang laut vor sich hin.

„Vergiss es. Der ist total betrunken", flüsterte Philon enttäuscht.

„Hallo, Jungs", lallte der Fremde, der große Schwierigkeiten hatte, sein Gleichgewicht zu halten. Er stolperte vorwärts und versuchte, sich an Philon festzuhalten. Dabei kam er ihm so nahe, dass der Junge seinen ekelhaften Atem, der nach süßem Wein stank, riechen konnte. Philon reagierte blitzschnell. Er trat zur Seite, und der Betrunkene fiel fluchend zu Boden. Mühsam erhob er sich wieder, rülpste laut und torkelte, als hätte er die beiden Jungen schon wieder vergessen, grölend in die entgegengesetzte Richtung davon.

Die beiden Jungen zogen weiter durch die Straßen der Hafenstadt. Nach einer Weile stießen sie auf ein Haus, neben dessen Eingang eine einsame Fackel in einer Wandhalterung flackerte. Da hatte Kephalos eine Idee.

„Philon", rief er begeistert, „du hast doch deine Umhängetasche dabei."

„Ja, und?"

„Ist da immer noch deine Wachstafel drin?"

„Wieso?", fragte Philon erstaunt. Dann plötzlich verstand er. „Natürlich! Vaters Skizze! Wieso haben wir daran nicht schon früher gedacht?" Aufgeregt zog er die Wachstafel aus dem Beutel und hielt sie unter das Licht. Neugierig beugten sich die Jungen über Aristides' Plan von Piräus.

„Verflixt noch mal!", schimpfte Kephalos gleich darauf. „Dein Vater hat gleich drei Häfen eingezeichnet."

„Wie konnte ich das nur vergessen!", schimpfte Philon vor sich hin. „Natürlich gibt es drei Häfen. Außer dem Kantharos-Hafen, wo die Handelsschiffe vor Anker liegen, gibt es noch zwei Kriegshäfen, den Zea und den Munychia. Dort ankern die Trieren der attischen Flotte."

„Und welcher der drei Häfen auf dem Plan ist der Kantharos-Hafen?"

„Bei Hades! Das weiß ich auch nicht." Philon stampfte wütend mit dem Fuß auf. „Ich habe wirklich nicht die leiseste Ahnung, wo wir sind. Wir haben uns total verlaufen. Jetzt braucht uns nur noch der Einbeinige zu begegnen, und wir sind geliefert."

„Nun gib nicht gleich auf", ermutigte ihn Kephalos. „Das Stadttor liegt direkt hinter uns. Wenn wir geradeaus weitergehen, müssten wir zur Agora kommen. Da bin ich mir ganz sicher."

In diesem Augenblick löschte ein Windstoß das Licht der Fackel. Kephalos schauderte. Auch ihm war es plötzlich nicht mehr ganz geheuer, durch das nächtliche Piräus zu irren. Wenigstens trügte ihn sein Orientierungssinn nicht, und kurz darauf standen sie auf dem verlassenen Marktplatz.

„Ganz schön gespenstisch", murmelte er. „Wie ausgestorben." Er fröstelte in der kühlen Nachtluft

und sehnte sich seinen wärmenden Umhang herbei. "Was ist das?" Erschrocken deutete er auf mehrere flackernde Lichter, die aus einer Ecke des Platzes auf sie zukamen.

"Das sind nur Fackelträger", vermutete Philon. "Sklaven, die einen Bürger von einem Symposion nach Hause begleiten. Komm, vielleicht kann er uns sagen, wo es zum Kantharos-Hafen geht."

Gleich darauf standen sie vor einem jungen Mann, der sie erstaunt betrachtete. "Was macht ihr denn um diese Zeit alleine in der Stadt?" Er schüttelte den Kopf. "Habt ihr eine Ahnung, wie gefährlich das ist? In einer Hafenstadt treibt sich nachts alles mögliche Gesindel herum."

"Wir sind Flüchtlinge aus Attika", log Philon. "Wir

sind in einer Herberge im Kantharos-Hafen untergebracht. Dummerweise haben wir uns verlaufen ... Können Sie uns sagen, wie wir dorthin kommen?"

„Ich bin auch fremd hier", erklärte der Mann, „aber ich weiß, wo ihr lang müsst." Er überlegte einen Augenblick. „Von der nordöstlichen Ecke der Agora geht ihr zunächst einen Block nach Norden und biegt dann nach rechts ab. Nach zwei Blöcken geht es in südlicher Richtung weiter, bis zur dritten Straße, in die ihr nach rechts einbiegt. Sie bringt euch direkt zum Hafen."

Er räusperte sich verlegen. „Oje, wartet, jetzt habe ich euch aus Versehen den Weg zum Zea-Hafen beschrieben." Nachdenklich kratzte er sich an der Schläfe. „Aber das ist eigentlich kein Problem. Wenn ihr erst mal im Zea-Hafen seid, müsst ihr nur nach rechts abzweigen und immer geradeaus weitergehen. Dann könnt ihr den Handelshafen nicht verfehlen." Er musterte die beiden Jungen. "Einer meiner Sklaven könnte euch begleiten", bot er dann an.

"Das ist sehr freundlich von Ihnen", bedankte sich Philon, "doch es ist wirklich nicht nötig."

"Wie ihr meint", erwiderte der Mann und wies einen Sklaven an, den Jungen eine Fackel zu geben. "Damit ihr wenigstens sehen könnt", lächelte er. "Die Götter seien mit euch", und er setzte seinen Weg fort.

Kephalos hatte inzwischen abermals die Zeichnung seines Onkels studiert. "Wir sind auf der Agora", murmelte er. "Einen Block nach Norden, dann nach rechts ..." Er folgte der Wegbeschreibung des Mannes mit seinem Finger. "Wenn die Skizze deines Vaters stimmt, dann weiß ich, welches der Hafen von Kantharos ist", stellte er triumphierend fest. "Allerdings hat uns der Mann einen ganz schönen Umweg beschrieben. Es gibt einen viel kürzeren Weg."

Welcher der drei Häfen ist der Kantharos-Hafen?

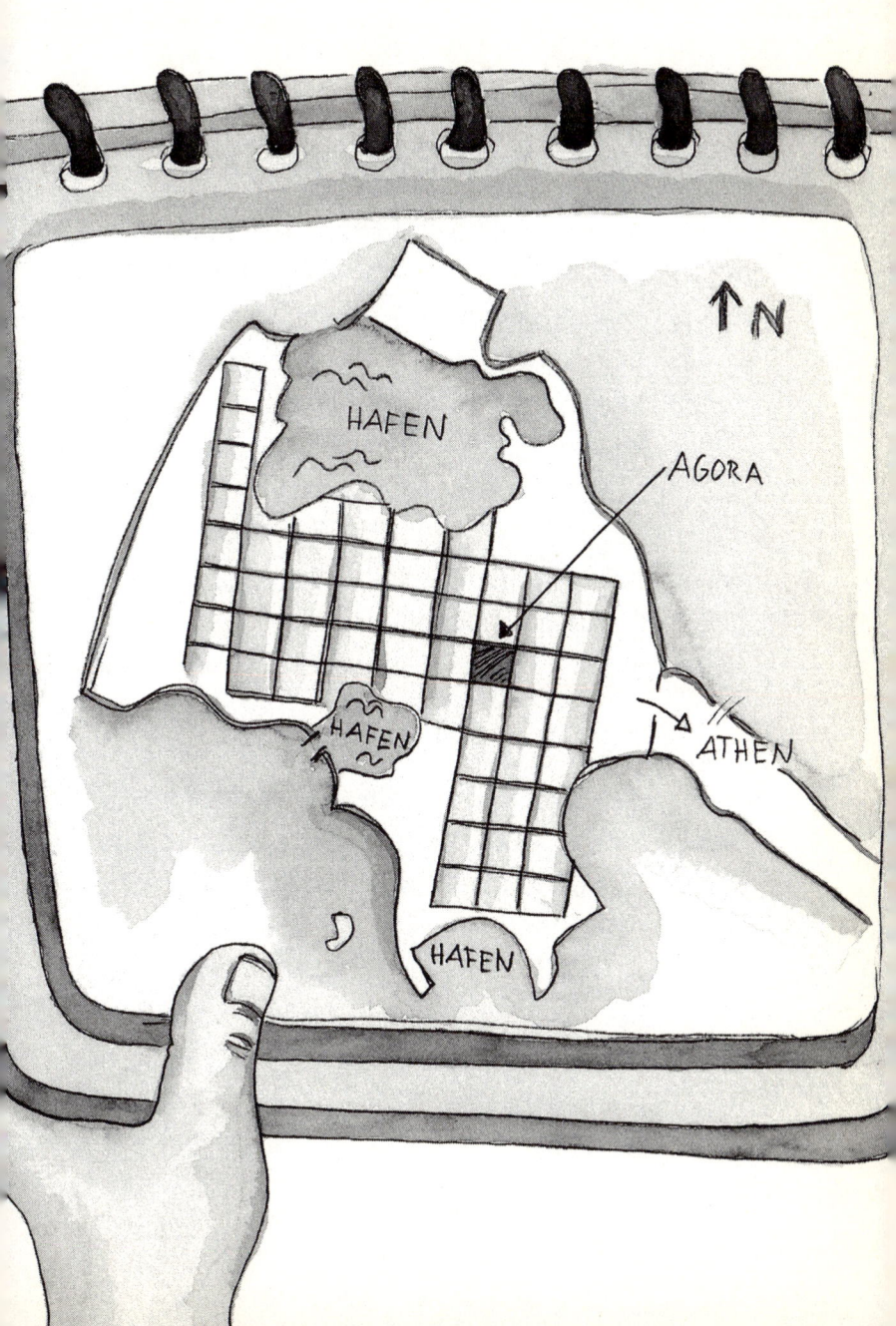

Zerberos, der Höllenhund

Der Hafen von Kantharos lag friedlich im Sternenlicht. Im tiefschwarzen Wasser schaukelten dickbäuchige Segelschiffe neben riesigen Handelsgaleeren und winzigen Fischerbooten. Eine sanfte Brise wehte. Nur das Knarzen der Masten und das leise Plätschern der Wellen war zu hören. Es roch nach Salz und Fisch. Die Statue war schon von weitem zu sehen. Hermes, der Gott der Händler und Diebe mit den geflügelten Sandalen, blickte mit steinernen Augen schützend über Hafen und Mole.

„Der Junge ist nirgendwo zu sehen", stellte Kephalos besorgt fest. „Hoffentlich sind wir nicht zu spät."

In diesem Augenblick hörten sie direkt neben sich ein leises Pfeifen, und eine Gestalt löste sich aus dem Schatten der Statue. Die Jungen atmeten erleichtert auf. Es war der junge Sklave aus der Herberge zum blauen Delfin.

„Ich dachte schon, ihr würdet überhaupt nicht mehr auftauchen", begrüßte er sie vorwurfsvoll und blickte sich nervös um. „Seid ihr allein?"

Philon und Kephalos nickten stumm.

„Kommt, hinter der Statue ist es sicherer." Der Junge hockte sich im Schneidersitz auf den Boden unterhalb des Steinpodests und forderte die Jungen mit einer Handbewegung auf, sich zu ihm zu setzen. „Löscht eure Fackel aus", befahl er leise. „Sonst werden wir noch entdeckt. Man kann nie vorsichtig genug sein." Gehorsam löschte Kephalos die Fackel.

„Und?" Philon hielt es vor Spannung kaum aus. „Wieso wolltest du uns hier treffen?"

Der Sklave musterte die beiden Jungen kritisch. „Ihr müsst mir erst beim Zorn aller Götter des Olymp schwören, keiner Seele zu verraten, was ich euch erzählen werde."

„Gut, ich schwöre." Philon hob die rechte Hand. „Beim Zorn aller Götter." Erst als auch Kephalos geschworen hatte, gab sich der Junge zufrieden und begann mit seinem Bericht.

„Ihr hattet Recht mit eurem Verdacht. Der Wirt der Herberge zum blauen Delfin, Kreon aus Kition, lockt Kinder an, mit ihm zu gehen. Doch es ist eine Falle ..."

„Genau das haben wir auch herausgefunden", fiel ihm Philon triumphierend ins Wort. „Der Händler Xanthias steckt mit ihm unter einer Decke. Statt Öl und Wein hält er geraubte Kinder in seiner Lagerhalle versteckt."

Der Sklave schüttelte seinen Kopf. „Xanthias ist völlig ahnungslos. Unter der Halle liegen unterirdische Räume, die nie benutzt werden. Ein ideales Versteck." Hastig fuhr er fort. „Außer Kreon sind nur noch der Kapitän und ein paar Matrosen der Sirene in die Angelegenheit eingeweiht. Die Sirene ist eines von Xanthias' Schiffen. Sobald das Schiff das nächste Mal in See sticht, planen die Männer, die Kinder außer Landes zu schmuggeln und in Lydien als Sklaven zu verkaufen."

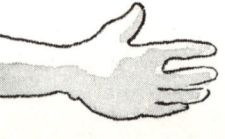

„Wie kann ein Mensch so grausam sein?", rief Kephalos aufgebracht.

„Aus Gier und Rache", erklärte der Junge. „Athenische Soldaten haben vor vielen Jahren bei der Belagerung von Kition Kreons Frau und Kinder umgebracht. Das ist zwar schon ewig her, doch er hat immer darauf gewartet, es den Athenern eines Tages heimzuzahlen."

„Das N", rief Philon aufgeregt. „Jetzt wird mir alles klar. Das N, das Kreon stets am Tatort hinterlässt! Es steht für Nemesis, die Göttin der Rache."

„Bei Zeus", stieß Kephalos hervor. „Wir müssen die Kinder so schnell wie möglich befreien!" Voller Tatendrang sprang er auf.

„Wenn das so einfach wäre", seufzte der Sklave. „Man kann sich in den Kellergewölben viel zu leicht verlaufen. Ich war einmal dort unten. Alleine hätte ich nie wieder hinausgefunden."

„Kein Problem", meinte Philon fachmännisch. „Ich habe ein Stück Kohle dabei. Damit können wir unseren Weg markieren."

„Die verzweigten Gänge", meinte der Sklave und kratzte sich die struppigen Haare, „sind leider nicht das einzige Hindernis. Es gibt da auch noch einen bissigen Hund, der das Gefängnis der Kinder bewacht. Er lässt niemanden vorbei, verfolgt jeden Schritt eines Eindringlings, und wenn er ihn erwischt, macht er Hackfleisch aus ihm."

Philon kramte in seiner Tasche und zog triumphierend ein Stück klebrigen Honigkuchen hervor. „Wieso geben wir unseren Verstorbenen ein Stück Kuchen mit auf ihre Reise in die Unterwelt?" Ohne eine Antwort abzuwarten, fuhr er in belehrendem Tonfall fort. „Sie beruhigen damit Zerberos, den dreiköpfigen Höllenhund, der die Unterwelt bewacht."

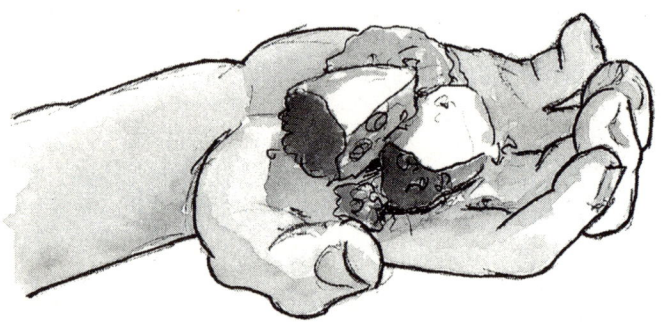

Der Sklave klatschte leise Beifall. „Hervorragend!" Dann stand er plötzlich auf. „So, und jetzt muss ich mich sputen. Mein Herr darf auf keinen Fall dahinter kommen, dass ich heute Nacht ausgeflogen bin." Er wollte schon losziehen, als Philon ihn im letzten Augenblick am Arm packte.

„Moment mal!", erinnerte er ihn. „Du hast uns noch nicht gesagt, wo Xanthias' Lagerhalle steht."

Der Junge deutete auf einen dunklen Bau direkt hinter ihnen. „Der Haupteingang ist bewacht, doch an der Rückseite des Gebäudes, hinter einem Strauch, liegt eine Geheimtür. Sie ist unbewacht. Den Eingang zum Keller findet ihr in der Halle links, neben den Amphoren. Seid vorsichtig. Die Götter mögen euch beistehen." Er hob seine Hand zum Gruß und verschwand lautlos um die Ecke.

„Meinst du, wir können ihm trauen?", flüsterte Kephalos misstrauisch, als sie den Platz überquerten und auf die Lagerhalle zugingen.

Philon zuckte mit den Achseln. „Ich glaube schon. Wir müssen es auf jeden Fall probieren."

Es dauerte nicht lange, und sie hatten den Hintereingang gefunden. Die Tür war nicht verriegelt, und die Jungen konnten problemlos eindringen.

„Die Halle ist beleuchtet." Wachsam ließ Kephalos seinen Blick über die unzähligen Amphoren, die an den Wänden lehnten, gleiten. Doch keine Menschenseele war zu sehen.

„Dort, der Eingang zum Kellergewölbe", raunte Philon. Er stellte sich auf die Zehenspitzen und hob eine Fackel aus ihrer Wandhalterung. Gleichzeitig schob Kephalos den Riegel fast geräuschlos auf die Seite und stieß vorsichtig die Tür auf.

„Leuchte mal hier rein", befahl er seinem Vetter.

Sie konnten steile Stufen erkennen, die in einen dunklen Gang mündeten. Es roch feucht und modrig. Mutig stiegen die Jungen in die Tiefe und gingen den Korridor entlang. Nach einer Weile erreichten sie eine Weggabelung.

„Und jetzt?" Philon war ratlos.

„Sei mal still", flüsterte sein Vetter. „Hörst du das auch?" In der Ferne hörte man das schwache Bellen eines Hundes.

„Der Wachhund", flüsterte Philon zurück.

„Genau", erwiderte Kephalos. „Wenn wir dem Bellen folgen, führt es uns zu den Kindern. Vergiss nicht, den Gang zu markieren, damit wir nachher wieder rausfinden!"

Er hatte Recht, denn nur wenig später standen sie vor einem wilden Ungetüm, das sie knurrend begrüßte. Um das riesige Maul des Hundes hatte sich weißer Schaum gebildet. Sobald die Jungen versuchten, sich der Tür auch nur einen Schritt zu nähern, sprang er sie sofort mit gefletschten Zähnen an, und nur die Kette, mit der er an einer Säule angeleint war, hielt ihn davon ab, die beiden in Stücke zu reißen.

„An dem kommen wir nie vorbei", murmelte Kephalos niedergeschlagen. „Der dreiköpfige Zerberos, der das Reich des Hades bewacht, scheint dagegen ein Schoßhund zu sein."

„Warte es ab", meinte Philon und zog den Honigkuchen aus der Tasche. In hohem Bogen warf er ihn dem Hund vors Maul, der den Leckerbissen blitzschnell verschlang und dann gleich wieder seine scharfen Fangzähne zur Schau stellte.

„Hat wohl nicht geklappt", bemerkte Kephalos nüchtern. „Wir könnten es mit Singen versuchen."

„Singen?" Philon starrte ihn verständnislos an. „Spinnst du?"

„Nein", Kephalos schüttelte den Kopf. „So hat Orpheus den Höllenhund beschwichtigt." Entschlossen begann er zu singen, doch dem Tier schien dies gar nicht zu gefallen. Es zerrte noch wilder als zuvor an seiner Kette.

„Sei still!", unterbrach Philon Kephalos' Gesang. „Mir ist etwas eingefallen, was uns der Sklave über den Hund berichtet hat. Ich weiß einen Trick, wie wir Zerberos überlisten können."

Was hat Philon vor?

Rettung im letzten Augenblick

Obwohl Philon und Kephalos wussten, was sie hinter der verriegelten Tür zu erwarten hatten, konnten sie es kaum fassen, wie viele gefesselte und geknebelte Kinder sie anstaunten.

„Na, ihr Helden", grinste Kryseis, nachdem Kephalos sie befreit hatte. „Ihr habt aber lange auf euch warten lassen." Sie rieb sich ihre Handgelenke.

„Wir haben keine Zeit zu verlieren", drängte Philon, während er die Fesseln eines Jungen löste. „Wir müssen so schnell wie möglich hier raus."

Die befreiten Kinder stürzten auf die Tür zu.

„Sie klemmt", murmelte Jason, Philons Klassenkamerad.

„Lass mich mal." Kephalos drängte sich vor. Doch sosehr er auch rüttelte und zerrte, die Tür ging nicht auf. „Der Riegel auf der anderen Seite muss zugefallen sein", stellte er fassungslos fest.

„Hervorragend", bemerkte Kryseis spöttisch. „Jetzt sitzen unsere Retter mit uns im Schlamassel." Enttäuscht ließ sie sich wieder auf dem kalten Steinboden nieder.

Jason fluchte laut, während mehrere Kinder zu schluchzen begannen.

„Irgendwie werden wir schon rauskommen", meinte Kephalos tröstend, doch auch er hatte nicht die geringste Idee, wie sie das schaffen sollten.

Die nächsten Stunden schienen endlos. Selbst Philons spannende Geschichte, wie Eumäus von Piraten gekidnappt wurde, half nicht, die Zeit zu vertreiben. Doch auch diese lange Nacht verging, und endlich begann es zu tagen. Ein schmaler Lichtstrahl fiel durch einen Luftschacht an der Wand und zeichnete ein helles Rechteck auf den Boden. Da hatte Kryseis eine Idee.

„Wir könnten versuchen, durch dieses Loch aus dem Keller zu klettern", schlug sie vor.

„Das ist doch viel zu eng", meinte Philon. „Da passen wir nie durch."

„Nicht unbedingt", überlegte Kephalos, der die Öffnung fachmännisch begutachtete. „Ich könnte gerade durchpassen. Zu Hause helfe ich jedes Jahr bei der Olivenernte. Da muss ich immer auf die Bäume klettern. Einen Schacht hochzuklettern kann nicht so viel schwieriger sein."

„Du bist dünn genug", musterte ihn ein Junge. „Und wenn du noch dazu gut im Klettern bist …"

„Super Idee!", fiel Jason ein. „Du gehst zu den Astynomoi, berichtest ihnen alles, und dann können sie uns befreien."

„Gut." Kephalos ließ sich schnell überreden. „Helft mir mal hoch!"

Philon und Jason stemmten ihn nach oben, sodass er seinen Oberkörper durch das Loch zwängen konnte. Langsam zog er seine Beine nach und begann, vorwärts zu robben. Der Schacht war wirklich sehr eng, und an einer Stelle ging es tatsächlich fast nicht mehr weiter. Er streckte seinen Körper und machte sich so dünn wie möglich, bis er sich doch Stück für

Stück langsam vorarbeiten konnte. Erleichtert stellte er fest, dass die Öffnung sich nach einer Weile weitete und zudem in regelmäßigen Abständen Steine angebracht waren, die sich gut als Trittstufen eigneten. Schließlich kroch er gleich neben der Geheimtür aus dem Schacht ins Freie und blinzelte im grellen Sonnenlicht.

Kurz vor Mittag war Kephalos immer noch auf der Polizeiwache und redete verzweifelt auf den Stadtwächter ein. Der Dienst habende Astynomoi glaubte ihm kein Wort. Doch plötzlich betrat Onkel Aristides den Raum.

„Mein Sohn und mein Neffe sind spurlos verschwunden", verkündete er lautstark. „Ich will, dass Ihre Männer einen Suchtrupp zusammenstellen und die Stadt nach den Jungen durchkämmen."

„Onkel Aristides ...", begann Kephalos.

„Kephalos?" Aristides drehte sich verwundert um. Nachdem der Junge nochmals in allen Einzelheiten erklärt hatte, was geschehen war, setzte wie durch Zauberkraft emsiges Treiben ein. Der Chef der Astynomoi wurde informiert, und kurz darauf stürmte eine Gruppe von bewaffneten Männern in Xanthias' Lagerhalle. Kephalos, der sich das Schauspiel nicht entgehen lassen wollte, war ihnen heimlich gefolgt. Doch als er hinter den Männern das Gewölbe betrat, traute er seinen Augen nicht: Der Kellerraum war leer.

„Du hast uns doch angelogen", wandte sich der Polizeichef drohend an den Jungen.

Doch Kephalos protestierte energisch. „Ich schwöre bei Athene", beteuerte er, „dass ich die Wahrheit gesagt habe." Er überlegte einen Augenblick. „Die geraubten Kinder sollen auf der Sirene außer Landes geschmuggelt werden. Vielleicht ..."

„Die Sirene?", mischte sich einer der Astynomoi ein. „Ich habe heute Vormittag gesehen, wie die Sirene mit eigenartigen Säcken beladen wurde. Sie soll um die Mittagszeit auslaufen."

„Bei Zeus!", fluchte der Anführer. „Nichts wie zum Hafen!" Die Männer hetzten aus der Lagerhalle.

Sie rannten über den Platz, an der Hermesstatue vorbei und hinab zu den Schiffen. Kephalos blieb dicht hinter ihnen. Die Sirene, ein stolzes Schiff mit breitem Bauch, tanzte unschuldig im Wasser auf und ab. Doch an Deck konnte man Bewegung erkennen.

Einige Matrosen waren eifrig damit beschäftigt, die schweren Segel zu hissen, andere zogen die Taue ein, die das Schiff an der Mole gehalten hatten. Kephalos kniff seine Augen zusammen, um besser sehen zu können. Im Heck des Schiffes, neben dem Ruder, stand der einbeinige Wirt Kreon, der mit triumphierendem Grinsen den Anker lichtete. Sie waren zu spät gekommen. Das Schiff legte ab.

Kephalos fröstelte. Trotz seines Entsetzens stellte er fest, dass es für einen sonnigen Sommertag plötzlich ungewöhnlich kühl war. Auch das Licht wirkte mit einem Mal blass und farblos. Ob wohl ein Gewitter aufzog? Am westlichen Horizont sah es recht finster aus. Doch wo waren die Wolken?

Viele Menschen um Kephalos herum hielten inne und starrten zum Himmel hinauf.

„Die Sonne!", schrie ein Mann, der neben ihm stand. „Ein Ungeheuer verschlingt die Sonne!"

Eine ältere Frau heulte laut auf. Von der anderen Seite schrie jemand: „Das Ende der Welt ist gekommen. Athene stehe uns bei!"

Kephalos drehte sich um, und vor Staunen blieb ihm der Mund offen stehen. Eine schwarze Scheibe hatte sich vor die Sonne geschoben, von der nur noch eine schmale Sichel zu sehen war. Einen Augenblick später war es Nacht. Die Sterne begannen zu leuchten. Von der Sonne war nur noch ein glühender Reifen übrig geblieben. Was war geschehen?

Das konnte auf keinen Fall mit rechten Dingen zugehen.

Schließlich riss Kephalos seinen Blick vom Himmel los und schaute zurück zur Sirene. Auch an Bord des Schiffes geschahen Wunder! Der Einbeinige und seine Komplizen hatten ihre Arme flehend zum Himmel erhoben.

„Der Zorn der Götter kommt über uns", rief Kreon schluchzend. „Habt Gnade!"

Für die Astynomoi, die die Gelegenheit beim Schopf gepackt hatten, das Schiff zu entern, war es leicht, die verängstigten Verbrecher zu überwältigen. In dem Augenblick, als die ersten Kinder aus dem Bauch des Schiffes auftauchten und an Land gebracht wurden, brachen die Umstehenden auf dem Hafendamm in lauten Jubel aus. Doch nicht etwa, weil die Kinder der Sklaverei entgangen waren, sondern weil der Himmel ihre Gebete erhört hatte: Die Sterne verblassten, und die Sonne kam wieder zum Vorschein.

Kephalos lief freudestrahlend auf seinen Vetter und die anderen Kinder zu.

„Die Götter", rief er aufgeregt, „haben den Tag zur Nacht gemacht, um euch zu retten!"

Aristides, der seinen Sohn erleichtert in die Arme schloss, schüttelte energisch den Kopf. „Die Götter", lachte er, „haben damit nichts zu tun. Du und die Astynomoi haben die Gefangenen befreit."

„Aber du hast doch gesehen", beharrte Kephalos, „dass die Sonne mitten am Tag verschwand! Das können doch nur die Götter getan haben. Oder glaubst du, es war Zauberei im Spiel?"

Aristides blickte sich vorsichtig um und sagte leise: „Es war der Mond. Er hat sich zwischen die Erde und die Sonne geschoben, und so das Sonnenlicht blockiert. Das war zumindest die Theorie meines alten Lehrers Anaxagoras. Ich kann sie dir zu Hause genauer erklären. Aber behalte dieses Geheimnis lieber für dich. Anaxagoras wurde wegen dieser Vorstellungen ins Gefängnis geworfen und danach aus Athen verbannt."

Philon und Kephalos grinsten sich an.

„Unter diesen Umständen", meinte Kephalos, „sollten wir vielleicht doch besser dabei bleiben, dass die Götter eingegriffen haben ... Hauptsache, den Entführern wurde das Handwerk gelegt." Und sie fielen in den Jubel der Menge ein.

Lösungen

Ein nächtlicher Besuch
Nach Eukles' Aussage hat der Wurstverkäufer seinen Stand neben dem Blumenmädchen unter einer Platane aufgeschlagen.

Spurlos verschwunden

Widersprüchliche Aussagen
Leda lügt. Kryseis hat ihr nicht gesagt, dass sie von der Hexe weiß. Die Amme hat also keinen Grund, einen Besuch dort zu verleugnen, es sei denn, sie ist doch dort gewesen.

Im Haus der Hexe
Die Botschaft des Orakels lautet: „Helft uns!"

Bescheidene Einbrecher?
Die Fußspur, die zum Loch führt, gehört einem Mann mit Holzbein, das heißt, der Geldwechsler hat die Wahrheit gesagt. Außerdem ist neben dem Loch ein N, wie auf Jasons Wachstafel und auf Polyxenas Hauswand.

Der Bettler am Brunnen
Auf den Scherben steht: „Neue Lieferadresse: Xanthias' Lagerhalle in Piräus."

Die Herberge zum blauen Delfin
Die Nachricht lautet: „Stellt keine Fragen mehr. Ist zu gefährlich. Trefft mich um Mitternacht bei der Hermesstatue im Hafen von Kantharos. Ein Freund."

Piräus bei Nacht
Der Kantharos-Hafen liegt im Norden von Piräus.

Zerberos, der Höllenhund
Der Sklavenjunge hat erwähnt, dass der Hund jeden Schritt verfolgt. Wenn Philon in sicherer Entfernung vor dem Hund um die Säule herumläuft, wird die Kette immer kürzer, bis die Jungen schließlich ohne Gefahr an dem Tier vorbeikommen.

Glossar

Acharnä: ländliche Gemeinde in Attika, nördlich von Athen gelegen, die vor allem für Oliven- und Weinanbau bekannt war

Agora: offener Platz im Zentrum einer griechischen Stadt, der als Marktplatz und Versammlungsort des Volkes diente

Agoranomoi: Marktaufseher, der auf der Agora für Ordnung sorgte

Akropolis: befestigte Oberstadt griechischer Städte, die sich gut gegen Feinde verteidigen ließ. Die Athener Akropolis verwandelte sich im 5. Jahrhundert v. Chr. zum religiösen Zentrum der Stadt.

Amme: Frau, die ein fremdes Kind stillt und sich oft auch noch später wie eine Kinderfrau um ihren Schützling kümmert

Amphore: großes, bauchiges Gefäß mit zwei Henkeln, in dem Öl oder Wein aufbewahrt wurde

Anaxagoras: griechischer Naturphilosoph (ca. 499–427 v. Chr.), der sich mit den Gestirnen befasste. Er behauptete, die Sonne sei kein Gott und der Mond würde kein eigenes Licht produzieren. Zudem erklärte er die Sonnenfinsternis erstmals wissenschaftlich. Wegen diesen Äußerungen wurde er 450 v. Chr. verurteilt und aus Athen verbannt.

Artemis: Göttin der Jagd und der Fruchtbarkeit sowie Beschützerin junger Mädchen und schwangerer Frauen

Astynomoi: Stadtwächter, die in Athen und Piräus für Ordnung sorgten und sich zudem um die Müllabfuhr und das Wegschaffen von Leichen kümmerten

Athene: Schutzgöttin der Stadt Athen. Ihr heiliges Tier ist die Eule.

Attika: ländliches Gebiet mit kleineren Städten und Gemeinden, das zusammen mit der Hauptstadt den Stadtstaat Athen bildete

Brauron: Heiligtum der Artemis in der Nähe Athens, in dem junge Mädchen als Priesterinnen dienten

Chiton: knie- oder bodenlanges Kleidungsstück aus einem Stück Stoff, das an den Schultern mit einer Fibel, einer Schmuckspange, zusammengehalten wurde

Chlamys: kurzer Umhang, der von jungen Männern und Soldaten getragen wurde

Drachme: griechische Silbermünze. Eine Drachme enthält sechs Obolusse.

Gymnasion: Anlagen, in denen junge Männer Sport trieben und gleichzeitig die Gelegenheit hatten, sich geistig weiterzubilden

Gynaikeion: Frauengemächer eines Hauses

Hades: Gott der Unterwelt, der das Königreich des Hades regiert

Hermes: Gott der Diebe und Händler

Himation: rechteckiges Kleidungsstück, das um den Körper geschlungen wurde. Es diente als Umhang über einem Chiton, konnte von Männern aber auch alleine getragen werden.

Hippodamos: griechischer Architekt und Städteplaner (geb. um 500 v. Chr.), der bei seinen Entwürfen erstmals das Schachbrettmuster einsetzte. Der von den Persern zerstörte Hafen von Piräus wurde nach seinen Plänen neu aufgebaut.

Hoplit: mit Schwert und Speer bewaffneter Fußsoldat der griechischen Armee

Ikaros: griechischer Sagenheld, der sich mit seinem Vater Dädalus Flügel aus Federn und Wachs baute, um dem kretischen König Minos zu entkommen

Kantharos: Handelshafen von Piräus

Kerameikos: Athener Stadtviertel, in dem hauptsächlich Töpfer wohnten

Kition: Stadt an der Südküste Zyperns

Koile: Athener Stadtviertel

Lykabettos-Berg: kegelförmiger Berg nordöstlich Athens, der die Stadt mit Wasser versorgte

Mauerdurchbrecher: griechische Bezeichnung für Einbrecher

Medusa: Schreckgestalt aus der griechischen Sagenwelt, bei deren Anblick Menschen versteinerten

Melite: Athener Stadtviertel

Munychia: Kriegshafen in Piräus

Nemesis: Göttin der Rache

Obolus: kleinste griechische Silbermünze. Sechs Obolusse ergeben eine Drachme.

Odyssee: Epos des griechischen Dichters Homer, das die Irrfahrten des Odysseus beschreibt

Olymp: Götterhimmel der Griechen
Orpheus: griechischer Sagenheld. Galt als guter Sänger
Paidagogos: persönlicher Sklave eines Jungen, der ihn überallhin begleitete und ihm Anstandsunterricht erteilte
Panflöte: Blasinstrument, das aus mehreren Röhren zusammengesetzt ist
Peloponnes: die südliche Halbinsel Griechenlands
Perikles: griechischer Staatsmann (um 490–429 v. Chr.), der 15 Jahre lang das Amt des Strategen innehatte. Seine Regierungszeit gilt als das goldene Zeitalter Athens, in der Wissenschaft, Kunst und Demokratie blühten.
Phönizien: Land im Gebiet des heutigen Libanon
Piräus: Hafenstadt Athens, die durch eine mit Mauern befestigte Straße mit der Hauptstadt verbunden war
Platäa: Stadtstaat in Böotien
Polis: griechische Bezeichnung für Stadtstaat
Silbereule: umgangsprachlich für Geld, da auf athenischen Münzen eine Eule geprägt war
Sirene: griechische Sagengestalt, die durch ihren Gesang Seefahrer betörte und deren Schiffe an den Klippen zerschellen ließ
Sokrates: griechischer Philosoph (etwa 470–399 v. Chr.), der sich erstmals nicht nur mit Naturphänomenen, sondern auch mit dem Wesen des Menschen beschäftigte. Er wurde wegen seiner Ideen 399 v. Chr. zum Tod verurteilt.

Sparta: Stadtstaat auf dem Peloponnes, der mit Athen um die Vormacht im Mittelmeerraum rivalisierte. Im Gegensatz zu Athen war das Hauptziel des Staates in Sparta, die Bürger nicht geistig, sondern militärisch auszubilden.

Stadion (pl. Stadien): griechisches Weg- und Längenmaß. Ein athenisches Stadion misst etwa 177,5 Meter.

Stoa Basileus: Amtsgebäude in der nordöstlichen Ecke der Athener Agora

Stratege: oberster Heerführer Athens, der jährlich vom Volk gewählt wurde. Wer dieses höchste Staatsamt innehatte, übernahm oft auch die politische Führung, z. B. Perikles.

Symposion: geselliges Gastmahl griechischer Männer, bei dem getrunken, gegessen und philosophiert wurde

Theben: griechische Stadt, die mit Sparta verbündet war

Tholos: Rundbau auf der Athener Agora, in dem sich die Ratsherren täglich versammelten

Triere: Kriegsschiff mit drei Ruderreihen auf jeder Seite

Wachstafel: Holztafel, die mit einer dünnen Wachsschicht überzogen war. Mit einem Griffel kratzte man die Buchstaben ins Wachs.

Weinkrater: große, bauchige Vase, in der Wein und Wasser vor dem Servieren vermischt wurden

Zea: Kriegshafen in Piräus

Zerberos: dreiköpfiger Höllenhund, der den Eingang zur Unterwelt bewachte

Zeus: griechischer Göttervater

Zeittafel

490 v. Chr.:	Sieg der Athener über die Perser in der Schlacht von Marathon
480 v. Chr.:	Die Perser erobern Athen, plündern die Stadt und zerstören die Akropolis. Die griechische Flotte besiegt die Perser bei Salamis.
478/477 v. Chr.:	Gründung des Attischen Seebunds gegen die Perser unter der Führung Athens
449 v. Chr.:	Ende des Krieges zwischen Athen und Persien durch Vermittlung des Atheners Kallias (Kallias-Friede)
443 v. Chr.:	Perikles wird erstmals zum Strategen gewählt. „Goldenes Zeitalter" des Perikles: Blütezeit der klassischen Kunst. Athen ist politischer und kultureller Mittelpunkt der Welt.
431 v. Chr.:	Beginn des Peloponnesischen Krieges wegen Spannungen zwischen Athen und Sparta. Die attische Landbevölkerung verbarrikadiert sich im Sommer in Athen. Die Spartaner verwüsten Attika, Perikles greift peloponnesische Küstenstädte an. Am 3. August findet über Griechenland eine Sonnenfinsternis statt.
429 v. Chr.:	In Athen bricht die Pest aus. Ein Drittel der athenischen Bevölkerung stirbt, auch Perikles.
404 v. Chr.:	Athen unterwirft sich Sparta. Ende des Peloponnesischen Krieges
404/403 v. Chr.:	Schreckensherrschaft der dreißig Tyrannen in Athen
403 v. Chr.:	Wiedereinführung der Demokratie
399 v. Chr.:	Verurteilung und Hinrichtung des Philosophen Sokrates

Der Peloponnesische Krieg

In der zweiten Hälfte des 5. Jahrhunderts v. Chr. galt Athen als der geistige und kulturelle Mittelpunkt der antiken Welt. Es gab keine andere Stadt, die sich mit Athen messen konnte. Griechenland war zu jener Zeit keine einheitliche Nation, sondern bestand aus unzähligen kleinen Stadtstaaten, die sich entweder mit Athen zum Attischen Seebund oder mit Sparta zum Peloponnesischen Bund zusammengeschlossen hatten. Als Athen seine Machtstellung im Mittelmeerraum immer weiter ausbaute, fürchteten Sparta und seine Bündnispartner eine athenische Übermacht. Die Rivalität zwischen den beiden Bündnissen stieg ständig, und nachdem sich Athen wieder einmal in fremde Angelegenheiten eingemischt hatte, brach im Frühjahr 431 v. Chr. der Peloponnesische Krieg aus.

Perikles, der oberste Befehlshaber Athens, war sich bewusst, dass die attischen Soldaten der spartanischen Armee weit unterlegen waren, Athen dagegen über die stärkste Flotte des Mittelmeeres verfügte. Seine Strategie war es daher, Landschlachten zu meiden und stattdessen peloponnesische Küstenstädte vom Meer aus anzugreifen. Die Landbevölkerung Attikas musste sich in der Hauptstadt in Sicherheit bringen.

Anfangs funktionierte Perikles' Plan, und es gelang Athen, die spartanischen Städte durch Seeangriffe zu schwächen. Doch dann brach 429 v. Chr. in der von den Spartanern belagerten Stadt die Pest aus, an der ein Drittel der Bevölkerung, darunter auch Perikles, starb.

In den folgenden Jahren wechselten sich Kampfperioden mit kurzen Waffenstillständen und Friedensverträgen ab, doch keine Seite konnte den entscheidenden Sieg erringen. Erst im Jahr 404 v. Chr., nachdem die attische Flotte eine große Niederlage erlitten hatte und alle Handelswege abgeschnitten waren, blieb Athen nichts anderes übrig, als zu kapitulieren. Das Umland der Hauptstadt war verwüstet und ein großer Teil der Bevölkerung umgekommen. Die Blütezeit Athens war zu Ende.

Die Spartaner verzichteten darauf, die Stadt zu zerstören, ließen jedoch zu, dass zurückkehrende Adlige ein Schreckensregime errichteten, die so genannte „Herrschaft der Dreißig", das sich aber nicht lange halten konnte.

Athen zur Zeit des Perikles

Erziehung in Athen

Die ersten Lebensjahre verbrachten griechische Kinder zusammen mit ihrer Mutter oder Amme im Gynaikeion. Im Alter von sechs oder sieben Jahren begann dann für Jungen der Ernst des Lebens. Zwar gab es keine Schulpflicht, doch die meisten Bürgersöhne besuchten entweder eine der zahlreichen kleinen Privatschulen oder wurden von einem Hauslehrer unterrichtet. Etwa zum gleichen Zeitpunkt stellten wohlhabende Bürger einen Paidagogos an, einen Sklaven, der ihren Sohn überallhin begleitete, darauf achtete, dass er am Unterricht teilnahm, und ihm gutes Benehmen beibrachte.

In der Schule lernten die Jungen zunächst Lesen und Schreiben. Sobald sie dies beherrschten, mussten sie längere Texte auswendig lernen. Außerdem stand natürlich Rechnen auf dem Stundenplan, und jeder Schüler sollte ein Musikinstrument erlernen. Da körperliches Training in Griechenland den gleichen Stellenwert hatte wie geistige Bildung, trieben ältere Jungen auch regelmäßig Sport und Gymnastik.

Für viele Jungen war mit 14 Jahren die Schulzeit beendet. Nur reiche Bürger konnten es sich leisten, ihre Söhne weitere vier Jahre lang zur Schule zu schicken, bis sie alt genug waren, dem Militär beizutreten.

Sklavenkinder gingen nicht zur Schule. Gelegentlich wurden sie jedoch von ihrer Herrschaft oder gebildeten Sklaven unterrichtet, die lesen und schreiben gelernt hatten, bevor man sie in die Sklaverei verkaufte.

Die geistige Bildung von Mädchen, egal ob arm oder reich, Bürgertochter oder Sklavin, wurde völlig vernachlässigt. Für Frauen galt es nicht als erstrebenswert, schreiben zu lernen. Viele konnten nicht einmal ihren eigenen Namen buchstabieren. Stattdessen verbrachten Mädchen den ganzen Tag in den Frauengemächern, wo sie lernten, einen Haushalt zu führen, Garn zu spinnen und Stoff zu weben. Am Leben außerhalb des Gynaikeions nahmen sie, bis auf bestimmte religiöse Feste und Riten sowie gelegentliche Besuche bei Verwandten, nicht teil. Nur Sklavinnen und ärmere Mädchen hatten mehr Freiheit. Sie mussten außer Haus gehen, um Wasser zu holen, Wäsche zu waschen, einzukaufen oder Waren auf dem Markt anzubieten.

Die Agora

Wirtschaftlicher und politischer Mittelpunkt jeder griechischen Stadt war die Agora. Hier schlugen Händler und Geldwechsler ihre Stände auf, Bürger tauschten neueste Nachrichten aus, und politische Entscheidungen wurden getroffen.

Die Athener Agora war von überall in der Stadt günstig zu erreichen. Der ungepflasterte, lang gestreckte Marktplatz war an drei Seiten von Verwaltungsgebäuden, Säulenhallen und Tempeln umgeben. Hier standen der Gerichtshof, in dem Sokrates 399 v. Chr. zum Tode verurteilt wurde, der Tholos, in dem sich täglich die Ratsherren versammelten, und die staatliche Münzprägerei. In der Südstoa, einer offenen Säulenhalle, boten zahlreiche Händler ihre Waren an. Gleich daneben lag das prächtige Brunnenhaus, wo Sklavinnen und ärmere Frauen Wasser holten oder Wäsche wuschen.

Damit in all dieser Betriebsamkeit nicht das Chaos ausbrach, gab es städtische Angestellte, die Agoranomoi, die für Ordnung sorgten. Sie kontrollierten die Preise, verteilten die Marktplätze für die Stände und achteten darauf, dass die Händler ihre Kunden nicht betrogen.

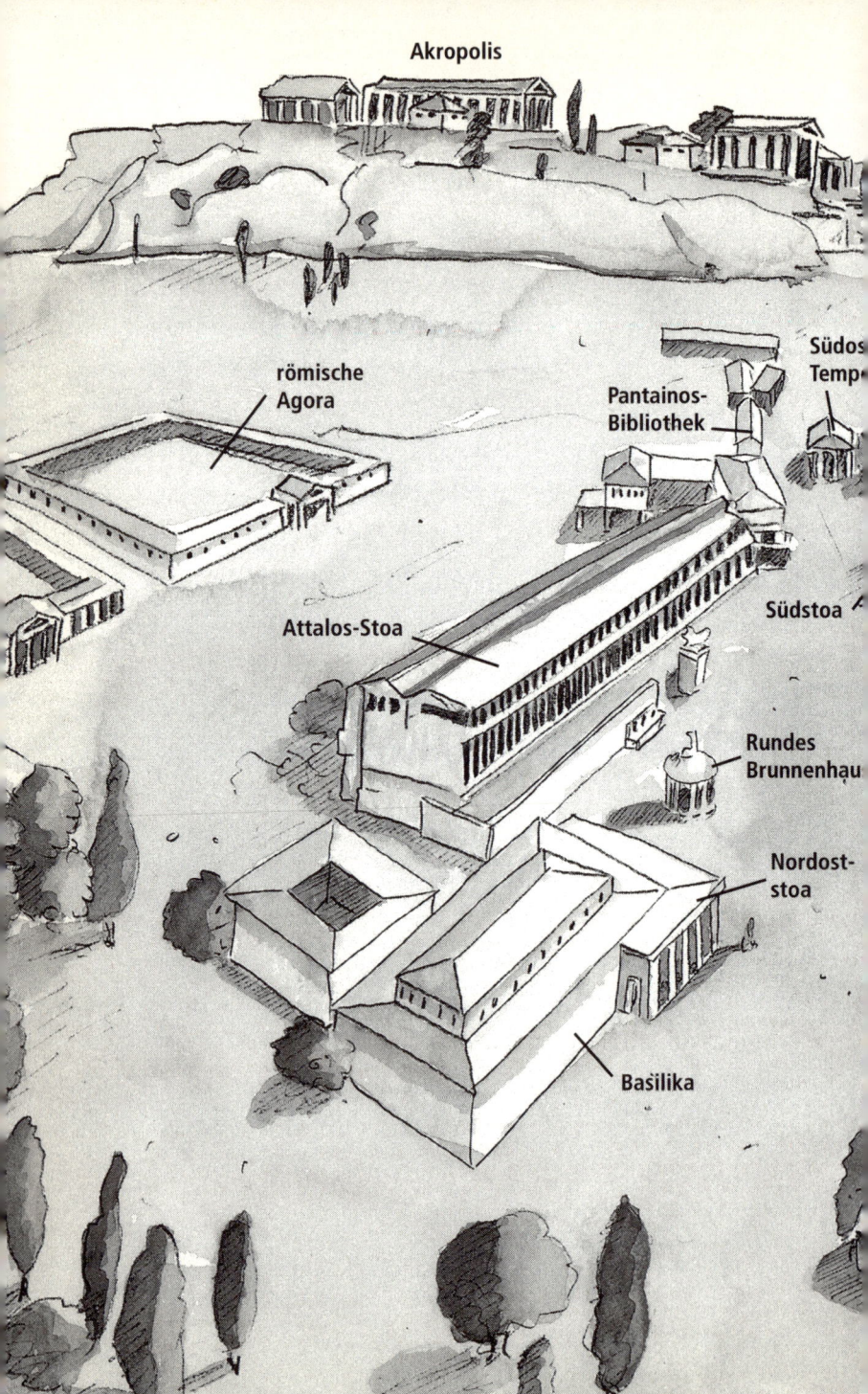

Die Athener Agora

Im Lauf der Jahrhunderte wurde die Agora um zahlreiche Gebäude erweitert. Die römische Agora und das Odeion des Agrippa z. B. wurden erst unter den Römern erbaut. Die Illustration zeigt die Agora im 1. Jh. n. Chr.

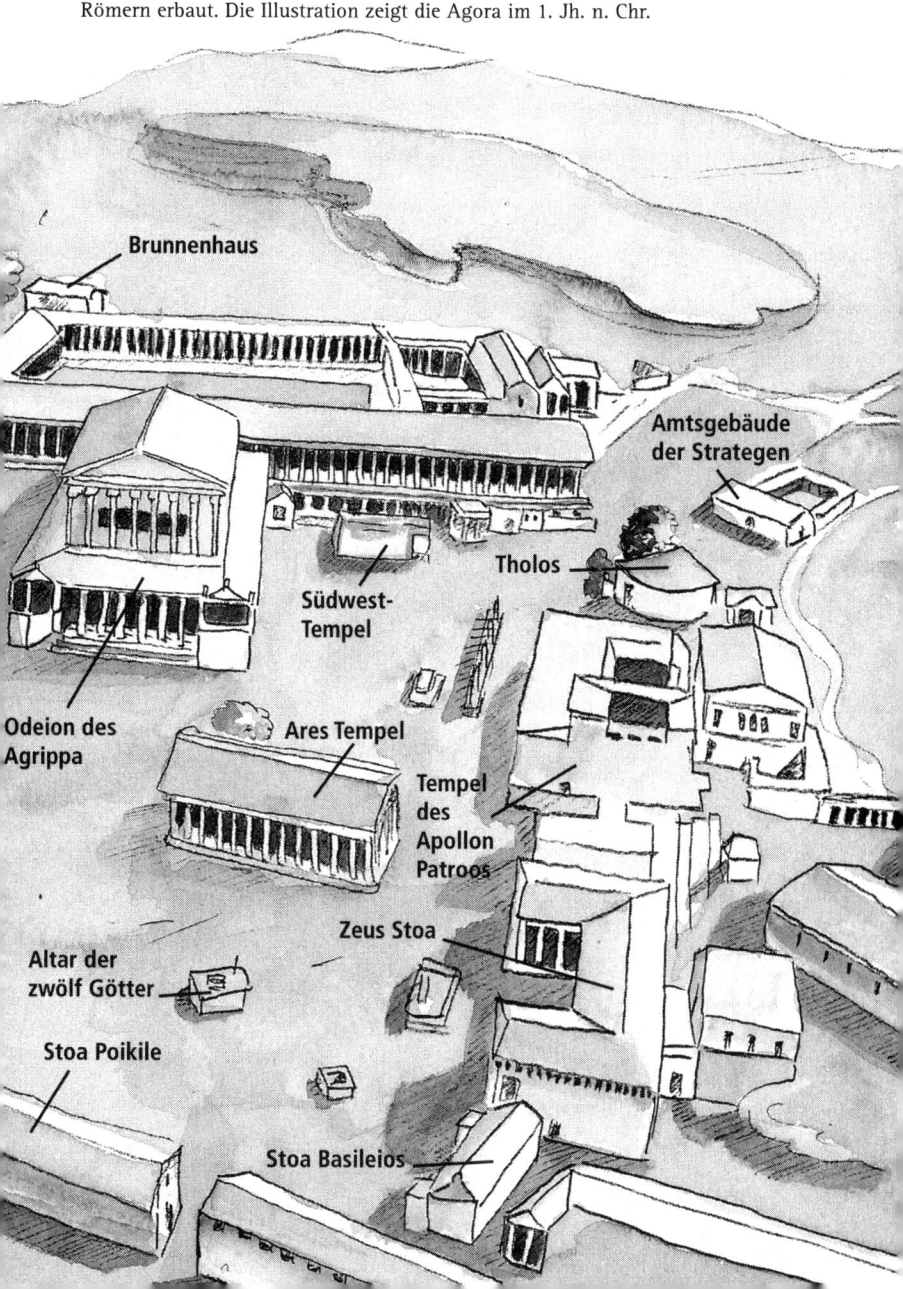

Renée Holler, Jahrgang 1956, studierte Ethnologie und arbeitete zunächst als Buchherstellerin, bevor sie auf Reisen rund um die Welt ging. Seit 1992 lebt sie mit Mann und zwei Kindern in England, wo sie schreibt und übersetzt.

Anne Wöstheinrich, geboren 1969, studierte Grafik-Design in Münster. Schon als Kind hat sie sich die Zeit mit Bildern vertrieben. Heute illustriert sie Kinder-, Jugend- und Schulbücher. Ihre beiden Töchter liefern ihr dafür viele Einfälle und Ideen.

TATORT GESCHICHTE

Historische Ratekrimis
Geschichte erleben und verstehen!